A Revolução Vietnamita

FUNDAÇÃO EDITORA DA UNESP

Presidente do Conselho Curador
Mário Sérgio Vasconcelos

Diretor-Presidente
Jézio Hernani Bomfim Gutierre

Superintendente Administrativo e Financeiro
William de Souza Agostinho

Conselho Editorial Acadêmico
Danilo Rothberg
Luis Fernando Ayerbe
Marcelo Takeshi Yamashita
Maria Cristina Pereira Lima
Milton Terumitsu Sogabe
Newton La Scala Júnior
Pedro Angelo Pagni
Renata Junqueira de Souza
Sandra Aparecida Ferreira
Valéria dos Santos Guimarães

Editores-Adjuntos
Anderson Nobara
Leandro Rodrigues

Paulo Fagundes Visentini

A Revolução Vietnamita
Da libertação nacional ao socialismo

Coleção Revoluções do Século XX
Direção de Emília Viotti da Costa

editora
unesp

© 2007 Editora UNESP

Direitos de publicação reservados à:
Fundação Editora da UNESP (FEU)
Praça da Sé, 108
01001-900 – São Paulo – SP
Tel.: (0xx11) 3242-7171
Fax: (0xx11) 3242-7172
www.editoraunesp.com.br
www.livrariaunesp.com.br
atendimento.editora@unesp.br

CIP – Brasil. Catalogação na fonte Sindicato
Nacional dos Editores de Livros, RJ

V682r

Visentini, Paulo Fagundes, 1955-

A revolução vietnamita: da libertação nacional ao socialismo/Paulo Fagundes Visentini. — São Paulo: Editora UNESP, 2008.
(Revoluções do século 20)

Inclui bibliografia
ISBN 978-85-7139-809-2

1. Vietnã, Guerra do, 1961-1975. 2. Vietnã - História. I. Título. II. Série.

08-0763.
CDD: 959.7043
CDU: 94(597)

Editora afiliada:

Asociación de Editoriales Universitarias
de América Latina y el Caribe

Associação Brasileira de
Editoras Universitárias

Apresentação da coleção

O século XIX foi o século das revoluções liberais; o XX, o das revoluções socialistas. Que nos reservará o século XXI? Há quem diga que a era das revoluções está encerrada, que o mito da Revolução que governou a vida dos homens desde o século XVIII já não serve como guia no presente. Até mesmo entre pessoas de esquerda, que têm sido através do tempo os defensores das ideias revolucionárias, ouve-se dizer que os movimentos sociais vieram substituir as revoluções. Diante do monopólio da violência pelos governos e do custo crescente dos armamentos bélicos, parece a muitos ser quase impossível repetir os feitos da era das barricadas.

Por toda parte, no entanto, de Seattle a Porto Alegre ou Mumbai, há sinais de que hoje, como no passado, há jovens que não estão dispostos a aceitar o mundo tal como se configura em nossos dias. Mas quaisquer que sejam as formas de lutas escolhidas, é preciso conhecer as experiências revolucionárias do passado. Como se tem dito e repetido, quem não aprende com os erros do passado está fadado a repeti-los. Existe, contudo, entre as gerações mais jovens, uma profunda ignorância desses acontecimentos tão fundamentais para a compreensão do passado e a construção do futuro. Foi com essa ideia em mente que a Editora UNESP decidiu publicar esta coleção. Esperamos que os livros venham a servir de leitura complementar aos estudantes da escola média, universitários e ao público em geral.

Os autores foram recrutados entre historiadores, cientistas sociais e jornalistas, norte-americanos e brasileiros, de posições políticas diversas, cobrindo um espectro que vai do centro até a esquerda. Essa variedade de posições foi conscientemente buscada. O que perdemos, talvez, em consistência, esperamos ganhar na diversidade de interpretações que convidam à reflexão e ao diálogo.

Para entender as revoluções no século XX, é preciso colocá-las no contexto dos movimentos revolucionários que se desencadearam a partir da segunda metade do século XVIII, resultando na destruição final do Antigo Sistema Colonial e do Antigo Regime. Apesar das profundas diferenças, as revoluções posteriores procuraram levar a cabo um projeto de democracia que se perdeu nas abstrações e contradições da Revolução de 1789 e se tornou o centro das lutas do povo a partir daí. De fato, o século XIX assistiu a uma sucessão de revoluções inspiradas na luta pela independência das colônias inglesas na América e na Revolução Francesa.

Em 4 de julho de 1776, as treze colônias que vieram inicialmente a constituir os Estados Unidos da América declaravam sua independência e justificavam a ruptura do Pacto Colonial. Em palavras candentes e profundamente subversivas para a época, afirmavam a igualdade dos homens e apregoavam como seus direitos inalienáveis: o direito à vida, à liberdade e à busca da felicidade. Afirmavam que o poder dos governantes, aos quais cabia a defesa daqueles direitos, derivava dos governados. Portanto, cabia a estes derrubar o governante quando ele deixasse de cumprir sua função de defensor dos direitos e resvalasse para o despotismo.

Esses conceitos revolucionários que ecoavam o Iluminismo foram retomados com maior vigor e amplitude treze anos mais tarde, em 1789, na França. Se a Declaração de Independência das colônias americanas ameaçava o sistema colonial, a Revolução Francesa viria pôr em questão todo o Antigo Regime, a ordem social que o amparava, os privilégios da aristocracia, o sistema de monopólios, o absolutismo real, o poder divino dos reis.

Não por acaso, a Declaração dos Direitos do Homem e do Cidadão, aprovada pela Assembleia Nacional da França, foi redigida pelo marquês de La Fayette, francês que participara das lutas pela independência das colônias americanas. Este contara com a colaboração de Thomas Jefferson, que se encontrava na França, na ocasião como enviado do governo americano. A Declaração afirmava a igualdade dos homens perante a lei. Definia como seus direitos inalienáveis a liberdade, a propriedade, a segurança e a resistência à opressão, sendo a preservação desses direitos o objetivo de toda associação política. Estabelecia que ninguém poderia ser privado de sua propriedade, exceto em casos de evidente necessidade pública legalmente comprovada, e desde que fosse prévia e justamente indenizado. Afirmava ainda a soberania da nação e a supremacia da lei. Esta era definida como expressão da vontade geral e deveria ser igual para todos. Garantia a liberdade de expressão, de ideias e de religião, ficando o indivíduo responsável pelos abusos dessa liberdade, de acordo com a lei. Estabelecia um imposto aplicável a todos, proporcionalmente aos meios de cada um. Conferia aos cidadãos o direito de, pessoalmente ou por intermédio de seus representantes, participar na elaboração dos orçamentos, ficando os agentes públicos obrigados a prestar contas de sua administração. Afirmava ainda a separação dos poderes.

Essas declarações, que definem bem a extensão e os limites do pensamento liberal, reverberaram em várias partes da Europa e da América, derrubando regimes monárquicos absolutistas, implantando sistemas liberal-democráticos de vários matizes, estabelecendo a igualdade de todos perante a lei, adotando a divisão dos poderes (legislativo, executivo e judiciário), forjando nacionalidades e contribuindo para a emancipação dos escravos e a independência das colônias latino-americanas.

O desenvolvimento da indústria e do comércio, a revolução nos meios de transportes, os progressos tecnológicos, o processo de urbanização, a formação de uma nova classe social – o proletariado – e a expansão imperialista dos países europeus na África e na Ásia geravam deslocamentos, conflitos sociais e guerras em várias partes do mundo. Por toda a parte os grupos excluídos defrontavam-se com novas oligarquias que não atendiam às suas necessidades e não respondiam aos seus anseios. Estes extravasavam em lutas visando tornar mais efetiva a promessa democrática que a acumulação de riquezas e poder nas mãos de alguns, em detrimento da maioria, demonstrara ser cada vez mais fictícia.

A igualdade jurídica não encontrava correspondência na prática; a liberdade sem a igualdade transformava-se em mito; os governos representativos representavam apenas uma minoria, pois a maioria do povo não tinha representação de fato. Um após outro, os ideais presentes na Declaração dos Direitos do Homem foram revelando seu caráter ilusório. A resposta não se fez tardar.

Ideias socialistas, anarquistas, sindicalistas, comunistas, ou simplesmente reformistas apareceram como críticas ao mundo criado pelo capitalismo e pela liberal-democracia. As primeiras denúncias ao novo sistema surgiram contemporaneamente à Revolução Francesa. Nessa época, as críticas ficaram restritas a uns poucos revolucionários mais radicais, como Gracchus Babeuf. No decorrer da primeira metade do século XIX, condenações da ordem social e política criada a partir da Restauração dos Bourbon na França fizeram-se ouvir nas obras dos chamados socialistas utópicos, como Charles Fourier (1772-1837), o conde de Saint-Simon (1760-1825), Pierre Joseph Proudhon (1809-1865), o abade Lamennais (1782-1854), Étienne Cabet (1788-1856), Louis Blanc (1812-1882), entre outros. Na Inglaterra, Karl Marx (1818-1883) e seu companheiro Friedrich Engels (1820-1895) lançavam-se na crítica sistemática ao capitalismo e à democracia burguesa, e viam na luta de classes o motor da história e, no proletariado, a força capaz de promover a revolução social. Em 1848, vinha à luz o *Manifesto comunista*, conclamando os proletários do mundo a se unirem.

Em 1864, criava-se a Primeira Internacional dos Trabalhadores. Três anos mais tarde, Marx publicava o primeiro volume de *O capital*. Enquanto isso, sindicalistas, reformistas e cooperativistas de toda espécie, como Robert Owen, tentavam humanizar o capitalismo. Na França, o contingente de radicais aumentara bastante, e propostas radicais começaram a mobilizar um maior número de pessoas entre as populações urbanas. Os socialistas, derrotados em 1848, assumiram a liderança por um breve período na Comuna de Paris, em 1871, quando foram novamente vencidos. Apesar de suas derrotas e múltiplas divergências entre os militantes, o socialismo foi ganhando adeptos em várias partes do mundo. Em 1873, dissolvia-se a Primeira Internacional. Marx faleceu dez anos mais tarde, mas sua obra continuou a exercer poderosa influência. O segundo volume de *O capital* saiu em 1885, dois anos após sua morte, e o terceiro, em 1894. Uma nova Internacional foi fundada em 1889. O movimento em favor de uma mudança radical ganhava um número cada vez maior de participantes, em várias partes do mundo, culminando na Revolução Russa de 1917, que deu início a uma nova era.

No início do século XX, o ciclo das revoluções liberais parecia definitivamente encerrado. O processo revolucionário, agora sob inspiração de socialistas e comunistas, transcendia as fronteiras da Europa e da América para assumir caráter mais universal. Na África, na Ásia, na Europa e na América, o caminho seguido pela União Soviética alarmou alguns e serviu de inspiração a outros, provocando debates e confrontos internos e externos que marcaram a história do século XX, envolvendo a todos. A Revolução Chinesa, em 1949, e a Cubana, dez anos mais tarde, ampliaram o bloco socialista e forneceram novos modelos para revolucionários em várias partes do mundo.

Desde então, milhares de pessoas pereceram nos conflitos entre o mundo capitalista e o mundo socialista. Em ambos os lados, a historiografia foi profundamente afetada pelas paixões políticas suscitadas pela guerra fria e deturpada pela propaganda. Agora, com o fim da guerra fria, o desaparecimento da União Soviética e a participação da China em instituições até recentemente controladas pelos países capitalistas, talvez seja possível dar início a uma reavaliação mais serena desses acontecimentos.

Esperamos que a leitura dos livros desta coleção seja, para os leitores, o primeiro passo numa longa caminhada em busca de um futuro, em que liberdade e igualdade sejam compatíveis e a democracia seja a sua expressão.

Emília Viotti da Costa

Sumário

Lista de abreviaturas *15*

Introdução *17*

1. Nacionalismo, comunismo e resistência no Vietnã colonial *21*

2. A revolução anticolonial (1945-1954) *39*

3. Socialismo no Norte e guerra civil no Sul (1954-1965) *53*

4. A guerra de libertação nacional (1965-1975) *71*

5. Um socialismo cercado (1975-1991) *91*

6. Um socialismo reformado (1991-2007) *107*

Bibliografia *121*

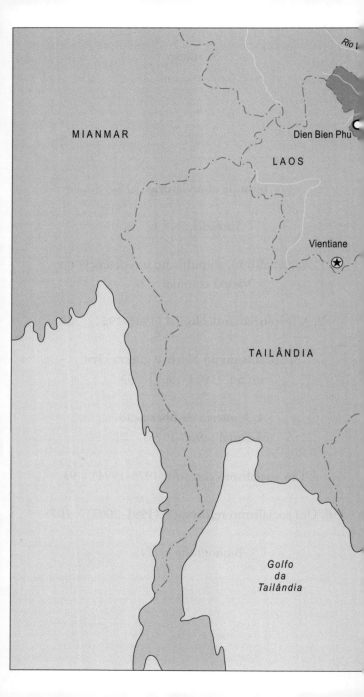

Ngo Vinh Long Collection

Lista de abreviaturas

Alto Comissariado das Nações Unidas para Refugiados (Acnur)

Asean Free Trade Area (Afta)

Associação de Cooperação Econômica da Ásia do Pacífico (Asia Pacific Economic Coordination – Apec)

Associação de Nações do Sudeste Asiático (Asean)

Can Lao (Partido dos Trabalhadores e Personalismo)

Central de Inteligência Norte-Americana (CIA)

Frente de Unidade Nacional do Kampuchea para a Salvação Nacional (FUNKSN)

Frente Khmer Issarak (Khmer Livre)

Frente Nacional de Libertação do Vietnã do Sul (FNL)

Frente Pathet Lao (Pátria Lao)

Frente Unida Nacional por um Camboja Independente, Neutro e Cooperativo (Funcipec)

Fundo Monetário Internacional (FMI)

Governo Revolucionário Provisório da República do Vietnã do Sul (GRP)

Nova Política Econômica (NEP)

Organização das Nações Unidas (ONU)

Organização das Nações Unidas para a Agricultura e Alimentação (FAO)

Organização do Atlântico Norte (Otan)

Organização do Tratado da Ásia do Sudeste (Otase)

Organização Mundial da Saúde (OMS)
Organização Mundial do Comércio (OMC)
Partido Comunista da Indochina (PCI)
Partido Comunista do Vietnã (PCV)
Partido Comunista Francês (PCF)
Partido dos Trabalhadores do Vietnã (Lao Dong)
Partido Socialista Francês (SFIO)
República Democrática do Vietnã (RDV)
Vietnam Quoc Dan Dang (VNQDD) ou Partido Democrático Nacional

Introdução

A guerra e a revolução vietnamitas representam um dos mais significativos acontecimentos históricos da época contemporânea. Mais do que uma descolonização acidentada, em seu conjunto trata-se de um paciente trabalho de mobilização popular para a sucessiva resistência ao fascismo do regime de Vichy, ao militarismo japonês, à potência colonial francesa, à superpotência norte-americana e para a transformação social. O conflito do Vietnã foi também um elemento fundamental no desgaste do império norte-americano. A história do Vietnã no século XX é a história de uma luta anticolonial pela independência nacional, de uma revolução socialista e de várias guerras de projeção internacional. É notável como um pequeno país pôde ter-se tornado pivô da política mundial e sobrevivido em meio às mais complexas alterações das alianças.

Assim, o nome Vietnã ficou associado à guerra, especialmente à vitória contra a superpotência norte-americana. Mas, além disso, o país também é destaque por ser um dos regimes socialistas que sobreviveram ao colapso da União Soviética, sua aliada e protetora, com um Partido Comunista ainda no poder. Seguindo um modelo semelhante ao da China, ao adotar um socialismo de mercado (*Doi Moi*), logrou, igualmente, desenvolver sua economia e tornar-se um Tigre Asiático de terceira geração, membro ativo da Associação de Nações do Sudeste Asiático (Asean), convivendo e cooperando com seus antigos inimigos. Foi, assim, um longo caminho para obter uma independência verdadeiramente soberana, ser aceito na comunidade internacional e iniciar uma caminhada segura rumo ao desenvolvimento econômico-social.

Nesse contexto, este livro busca apresentar um panorama histórico com ampla base factual, pois muitas análises sobre as revoluções se concentram em discussões teóricas. Por mais óbvias que sejam, todavia, é necessário precisar alguns conceitos, para definir a realidade por trás dos nomes empregados. O que é necessário para que um regime seja considerado "socialista"? A teoria marxista foi colocada em prática por Lenin, na perspectiva soviética, que materializou alguns princípios vagos da obra de Marx e Engels, os quais, na verdade, se dedicaram predominantemente a estudar o funcionamento do capitalismo.

Segundo a experiência histórica, um regime socialista do tipo marxista-leninista implica a existência de um partido único que se confunde com o aparelho estatal e exerce o poder como "guia" da sociedade e de seu processo de transição ao comunismo. A economia é organizada segundo o princípio do planejamento econômico centralizado (em lugar do mercado), com a propriedade coletiva dos grandes meios de produção e a estatização dos bancos e do comércio exterior. A sociedade tende a ser incorporada em um organismo único, com a eliminação gradual das desigualdades e a universalização de políticas sociais como educação, saúde, habitação e emprego. Esse processo, em um quadro de tensão extrema, foi materializado pelos mecanismos autoritários e repressivos, mas paternalistas.

O socialismo de orientação marxista logrou, ao longo do século XX, impulsionar um conjunto de revoluções vitoriosas em sucessivas ondas. A primeira delas teve lugar na esteira da Primeira Guerra Mundial, com o triunfo da Revolução Russa e a construção da União Soviética. A segunda, decorrente do antifascismo e dos resultados da Segunda Guerra Mundial, afetou o Leste Europeu, tanto com as "revoluções pelo alto" apoiadas por Moscou, que constituiriam as Democracias Populares, quanto com as revoluções autônomas da Iugoslávia e da Albânia.

A terceira, paralelamente, teve como epicentro a Revolução Chinesa, iniciada na década de 1920, caracterizada pela questão camponesa. Por último, a descolonização e o nacionalismo do Terceiro Mundo protagonizaram o triunfo de algumas revoluções socialistas, como a cubana, a vietnamita e as africanas da década de 1970. Nesse sentido, a Revolução Soviética não representou a instauração do socialismo, e sim o início de um processo de transição do capitalismo ao socialismo. Este, da mesma forma que a passagem do feudalismo ao capitalismo, não ocorre nos marcos do Estado nacional, mas no plano internacional, com estancamentos, recuos e desvios para, posteriormente, retomar seu curso.

Agradeço ao CNPq, cuja Bolsa de Produtividade em Pesquisa tem-me permitido investigar as relações internacionais do Terceiro Mundo (da qual este livro é um dos resultados), e ao estudante do curso de graduação em Relações Internacionais da UFRGS e bolsista de Iniciação Científica do Núcleo de Estratégia e Relações Internacionais, Alexandre Fogaça Damo, pela colaboração na pesquisa para o último capítulo do livro. A obra baseia-se em texto publicado anteriormente, modificado e atualizado, pois esteve esgotado por muitos anos.

1. Nacionalismo, comunismo e resistência no Vietnã colonial

O imperialismo francês ocupou a península indochinesa na segunda metade do século XIX. A resistência tradicional logo foi derrotada e inviabilizada, tendo início um conjunto de atividades capitalistas moderno: agricultura de exportação, implantação de seringais, proletarização de boa parte da mão de obra nativa, construção de infraestrutura viária, urbanização, ampliação do ensino no âmbito da classe média e inserção na economia mundial. Na esteira desse processo, logo surgiria um movimento nacionalista moderno e, mesmo, socialista. Por razões geopolíticas, entre outras, o país se veria envolvido no turbilhão da Segunda Guerra Mundial e das revoluções socialistas e de libertação nacional, em especial a chinesa. Situando-se na "fronteira quente" da Guerra Fria, logo o Vietnã e sua revolução viriam a ocupar posição internacional de grande impacto.

O colonialismo e as origens do nacionalismo e do comunismo

A região da Indochina, localizada no Sudeste Asiático, possui clima tropical e é formada por Vietnã, Camboja e Laos. Atualmente (2007) o Laos possui 230 mil km² e 6 milhões de habitantes, ao passo que o Camboja conta com 180 mil km² e uma população de 14 milhões. O Vietnã tem uma área de 330 mil km² e população de 84 milhões de habitantes, estando 75% nas áreas rurais. A densidade de 250 hab/km² é desigualmente distribuída, atingindo mais de 1.000 hab/km² nos deltas e 10 nas montanhas. O crescimento demográfico é ainda relativamente elevado, com 2% ao ano.

As três regiões geo-históricas que compõem o país são Bac Bo, ou Tonkin, com 120 mil km², no norte, englobando o delta do rio Vermelho e as montanhas; o Trung Bo, ou Anam, no centro, com 150 mil km², uma zona alongada onde predomina o planalto, montanhas e uma estreita faixa de planície litorânea; e o Nam Bo, ou Cochinchina, no sul, cujos 60 mil km² são basicamente compostos pelo delta do rio Mekong. As enchentes dos rios Vermelho e Mekong elevam as águas em até 17 metros, sendo as do Norte mais devastadoras.

Na época da divisão do Vietnã, após os acordos de Genebra de 1954, a República do Vietnã (sul) ficou com 170 mil km² e uma população de 18 milhões de habitantes, ao passo que à República Democrática do Vietnã (norte) couberam 160 mil km² e 21 milhões de habitantes (populações em 1970). O Sul, menos povoado, tinha antes da divisão uma agricultura mais forte, ao passo que a maior parte das poucas indústrias e a mineração se localizavam no Norte.

O povo vietnamita, etnicamente, é fruto da mestiçagem entre os imigrantes chineses e os povos thai, que habitavam a área. A cultura chinesa mesclou-se com a hindu na região, sendo a primeira predominante no Vietnã (que em chinês significa literalmente "estrangeiros do sul") e a segunda no Laos e no Camboja. A migração originou-se no sul da China, dirigindo-se ao delta do rio Vermelho no século III a.C. O império chinês anexou o Estado do Nam-Viet, criado na região, um século depois, seguindo-se mais de um milênio de dominação sobre a região. Em 938 o Vietnã tornou-se um Estado independente e desencadeou uma expansão migratória rumo ao sul durante os séculos seguintes, atingindo o delta do Mekong, conquistado ao declinante Império Khmer. Esses séculos também assistiram a novas dominações chinesas e mongol, recuperação da independência e fases de conflitos internos entre grupos feudais.

A introdução do budismo, que atingiu o apogeu no século XI, estava relacionada à afirmação da aristocracia fundiária e à sujeição do campesinato. Mais tarde, com o fortalecimento do poder real centralizado, o confucionismo começou a ser adotado como instrumento do monarca, do Estado e da adoção de uma disciplina, necessária às obras públicas. No século XV o Estado, que realizava obras hidráulicas, distribuía terras periodicamente e cobrava uma renda inferior à dos nobres.

A partir de 1858, os franceses iniciaram a conquista e ocupação gradativa de toda a Indochina, com o pretexto de defender os missionários católicos que anteriormente atuavam na região. Apesar de a conquista haver-se completado em 1884, a resistência perduraria até 1898. Durante quarenta anos, enquanto a monarquia cedia aos invasores e se acomodava em troca da manutenção de certos privilégios, a resistência popular foi intensa. Em fins do século XIX, ocorreu a chamada Revolta dos Letrados contra os franceses, reativando o antigo nacionalismo vietnamita, ao passo que a corte de Hué ficava submissa em um nicho colaboracionista.

As terras, "esvaziadas" pela guerra, eram confiscadas e distribuídas a elementos colaboracionistas e a empresas francesas, em um movimento de concentração de propriedade. Os nobres e seus agentes arrecadavam impostos para os franceses e se encarregavam do poder no plano local, em quadro de rápido declínio das condições materiais de vida. A administração colonial, por seu turno, construía ferrovias e rodovias para facilitar a exploração econômica, mas descuidava das necessárias obras hidráulicas. Apenas a construção da ferrovia ligando Hanói ao Yunan mobilizou 80 mil trabalhadores vietnamitas, 25 mil dos quais morreram durante a realização da obra. Os portos modernos e as cidades comerciais (dominadas pelos *hoa*, de origem chinesa) suplantaram os diminutos centros administrativos.

Uma classe proletária formou-se bem antes da burguesia compradora: 53 mil trabalhavam em minas, 86 mil, em fábricas e 80 mil, nos seringais. Apesar de proporcionalmente pouco numerosos, eles se concentravam em regiões estratégicas do país. Outros tantos foram enviados, como mão de obra barata, ao Laos, ao Camboja, à Nova Caledônia e, até mesmo, à

França. A pequena-burguesia desempenhava papel bem mais qualificado que a burguesia, esta última impedida de se desenvolver em razão das restrições impostas pela administração colonial. Em um quadro de desatenção à educação, as ideias europeias modernas penetraram no país por traduções chinesas. O Japão, desde a vitória sobre a Rússia czarista em 1905, deu certo alento aos intelectuais vietnamitas, que se voltavam para esse país em busca de inspiração e apoio político, apesar de Tóquio haver acertado mecanismos de colaboração com os franceses.

Os camponeses, pauperizados, inauguram a era das revoltas sociais. Mais tarde, o nacionalismo tradicional faria sua transição ao moderno nacionalismo revolucionário nas décadas de 1920 e 1930, com a crise que se segue à Primeira Guerra Mundial, o impacto da Revolução Socialista russa sobre a Ásia colonial e, finalmente, com a grande depressão da economia capitalista mundial que se segue à crise de 1929 e atinge duramente o Vietnã. Durante a Primeira Guerra Mundial, 50 mil soldados vietnamitas e igual número de trabalhadores chegam a ser mobilizados pela França. Mas a luta política tinha dificuldades em encontrar um caminho adequado.

O ponto de partida da longa luta de libertação nacional e de revolução social foi o engajamento militante de intelectuais pequeno-burgueses (classe média baixa) e de alguns operários e camponeses. Nesse sentido, a biografia política de Nguyen Sinh Cung (o futuro Nguyen Ai Quoc e, depois, Ho Chi Minh) é exemplar. Encontrando-se como trabalhador na França no fim da Primeira Guerra Mundial, seu nacionalismo é influenciado pelos acontecimentos políticos da época. Ingressa na SFIO (o Partido Socialista Francês) e acompanha sua ala esquerda na fundação do Partido Comunista Francês (PCF). Suas divergências sobre a questão colonial levam-no a afastar-se do PCF e transferir-se para Moscou, onde adere à Terceira Internacional, ou Internacional Comunista (Komintern). Torna-se um jornalista combativo e um importante quadro da Komintern.

O ano de 1930 é o ponto de partida do movimento de resistência. Em fevereiro, tropas vietnamitas do exército colonial francês amotinam-se no Tonkin (Bac Bo), mas a rebelião é esmagada, obrigando as tropas a se exilarem no sul da China, onde em 1927 havia sido criado o Vietnã Quoc Dan Dang (VNQDD), ou Partido Democrático Nacional do Vietnã. Mas o VNQDD, com suas táticas de ações e complôs terroristas afastados das massas, sofreria os efeitos da repressão francesa e se enfraqueceria de modo considerável. Simultaneamente à rebelião, Nguyen Ai Quoc (Nguyen, o patriota) havia fundado o Partido Comunista da Indochina (PCI), pela fusão de diversos grupos marxistas do Vietnã (em Cantão, também no sul da China).

O PCI, que agrupava intelectuais, operários e pequeno-burgueses, tinha seu principal apoio social entre os camponeses assalariados e agricultores sem terra. No verão de 1930, o PCI organizou um grande levante camponês no norte do Anam, que ficou conhecido como os Sovietes de Nghe Tinh, e foi esmagado pela Legião Estrangeira.[1] A derrota do levante demonstrou que o PCI menosprezara a importância da questão nacional e sobrevalorizara a luta de classes, além de não atentar para as peculiaridades da questão camponesa. Depois da derrota, os revolucionários vietnamitas souberam corrigir os erros, como é visível na retomada das lutas no fim da década.

Os militantes revolucionários vietnamitas conseguiram realizar uma transição sem grandes conflitos entre o confucionismo e o marxismo ao longo das décadas de 1920 e 1930, pelo trabalho político com as massas. A simplicidade, tenacidade e perspicácia desses quadros serão um dos fatores decisivos na vitória da revolução vietnamita. A precária formação teórica destes era compensada pela integração no movimento popular, resultando daí uma dialética que apresentava resultados bem mais positivos do que as intermináveis discussões teóricas (a

---

[1] Unidades militares do Exército francês compostas de soldados estrangeiros, geralmente aventureiros ou renegados de seu país de origem, que eram empregados nas colônias.

maioria das quais produzia mais calor que luz) e publicações de grandes tratados pelos "doutores" do marxismo acadêmico europeu.

O próprio fundador do PCI havia experienciado pessoalmente a arrogância intelectual e a limitação social dos intelectuais de esquerda, quando se encontrava na França. Um mérito indiscutível dos quadros foi extrair do marxismo e da experiência soviética o que era essencial, retomar o nacionalismo em seus aspectos revolucionários, integrando-os e aplicando-os às condições do país. Souberam encontrar um ponto dinâmico de equilíbrio entre ortodoxia e criatividade, e aprenderam a viver no nível do povo, que era a razão e a força da revolução vietnamita.

A resistência antifascista e anticolonial (1939-1945)

A eclosão da Segunda Guerra Mundial influencia decisivamente o movimento de libertação vietnamita, colocando-o diante de uma situação nova. Isso se deve tanto às repercussões internas do contexto internacional quanto, em seguida, ao envolvimento direto da colônia (e de toda a região) no conflito mundial. A conjuntura que se abre obriga o PCI da Indochina a uma clandestinidade extremamente dura, mas lhe permite, ao mesmo tempo, explorar as contradições do aparelho colonial, resultantes do enfraquecimento da metrópole francesa, do caráter fascista do regime de Vichy e da presença japonesa no país, que se tornou ponto estratégico para a expansão nipônica na área. Assim, a política da esquerda vietnamita materializa-se pela formação de ampla frente anti-imperialista, que se inserirá em um conflito maior, de dimensões mundiais, imprimindo grande dinamismo à ação dos revolucionários, apesar dos limitados recursos.

O PC indochinês havia aproveitado ao máximo as oportunidades propiciadas pela ascensão ao poder da Frente Popular na França (integrada pelos partidos Socialista, Radical-Socialista e Comunista), em 1936 e 1937. Mesmo valendo-se de todas as possibilidades abertas por sua legalidade, teve o cuidado de preservar a estrutura clandestina. Lutou pela ampliação dos espaços democráticos e do movimento operário (esteve à testa das greves de 1937 no Norte e no Sul). Mas em 1937 a crise econômica volta a se intensificar e o Japão invade a China (os japoneses já haviam ocupado a Manchúria em 1931), alastrando a guerra asiática.

Na Conferência de Munique, em 1938, os governos conservadores de Londres e de Paris cederam às pressões de Hitler para anexar parte da Tchecoslováquia. Avaliando corretamente Munique como evento que conduziria à guerra, o Partido resolveu passar parte de seus quadros à clandestinidade, prevendo uma intensificação futura da repressão, pois já estava havendo um endurecimento do governo contra a esquerda e o movimento sindical. Tudo estava preparado para passar ao *underground* de um momento para o outro.

A assinatura do Pacto de Não Agressão entre a Alemanha nazista e a União Soviética em 23 de agosto de 1939, após o fracasso das conversações anglo-franco-soviéticas, a invasão da Polônia por Hitler em 1º de setembro e a entrada da França na guerra deram ao governo de Daladier mais um pretexto para intensificar a luta contra as instituições democráticas da III República e o movimento operário. Em 25 de setembro, o PC francês foi proscrito. A perseguição desencadeada contra a esquerda se estendeu às colônias. Enquanto reprimia as organizações esquerdistas e nacionalistas indochinesas, o governador-geral Catroux ampliava as forças policiais e criava campos de concentração para a oposição. Ainda que vários militantes houvessem sido detidos, o conjunto do partido passou à clandestinidade de forma organizada. A nova organização levou o PCI a transformar a Frente Democrática Indochinesa em Frente Nacional Unida Anti-imperialista Indochinesa. Assim, a política de alianças passou a visar, primordialmente, às tarefas de libertação nacional.

A derrota da França pela Alemanha levou à ocupação do Norte e do Oeste da metrópole pela Wehrmacht, ao passo que no Sul era implantado o regime fascista e corporativo de Vichy, liderado pelo marechal Pétain e apoiado pela Igreja Católica, pelos partidos de direita e pela maioria da burguesia francesa. O governo, que dominava o império colonial, fora organizado pelos mesmos homens que haviam preparado a derrota francesa, para instaurar uma ditadura conservadora com o apoio de uma invasão estrangeira (Laval, Reynaud, Weygand, Pétain e outros). Paralelamente, a situação dos comunistas vietnamitas exilados no sul da China estava se tornando cada vez mais difícil. VNQDD procurou compensar sua perda de influência no interior do Vietnã, apoiando-se no Kuomintang (os nacionalistas chineses de Chang Kai-Chek) para cortar as bases externas de apoio do Partido Comunista Indochinês (apesar de, na China, haver uma aliança do Kuomintang com o PC chinês de Mao Zedong – ou Mao Tsé-tung).

Paralelamente, a situação internacional agrava-se. O Japão, que em 1939 havia ocupado o litoral sul da China até a fronteira com a Indochina, decide tirar proveito da fraqueza do colonialismo francês. Em 1940, Tóquio instiga a Tailândia a atacar a colônia francesa pelo Camboja e, em seguida (22 de setembro), eles próprios atacam o norte do Vietnã cruzando a fronteira em Lang Son e desembarcando próximo a Haiphong. Depois de alguns combates, o almirante Decoux (comandante militar da Indochina, de convicções fascistas) decide recuar e deixar o caminho livre para o Exército nipônico na região de Bac Son. Aproveitando-se da irrupção japonesa, os grupos fascistas pró-japoneses do Vietnã, agrupados na organização política Dai Viet, sublevam-se contra os franceses. Mas Tóquio não lhes presta nenhuma ajuda, e eles têm de buscar refúgio na parte sul da China controlada pelos nacionalistas.

Com o vazio criado pelo colapso da administração colonial na área setentrional do Tonkin, eclodiu um levante popular liderado pelo comitê local do PC indochinês. A sublevação causou perplexidade entre os franceses e os japoneses, que chegaram rapidamente a um compromisso mútuo e esmagaram a rebelião. Apesar da derrota, o levante de Bac Son deixou estrutura suficiente e importante experiência para futura criação de forças guerrilheiras, além de repercutir por todo o país. No sul da Indochina, o descontentamento da população contra o recrutamento compulsório e as requisições alimentares no Camboja e na Cochinchina (ou Nam Bo), que visavam reforçar o Exército colonial na guerra contra a Tailândia, encorajou o núcleo dirigente do PC no Sul a coordenar um levante popular.

Desencadeado em fins de novembro de 1940, ele afetou principalmente as regiões rurais do Sul. A repressão francesa foi brutal, incluindo bombardeios aéreos, queima de aldeias e massacres indiscriminados. O esmagamento do levante deixou um saldo de milhares de mortos. Longas filas de prisioneiros ligados por um arame que lhes atravessava as mãos ou a barriga foram conduzidas no litoral e jogadas ao mar. Em janeiro de 1941, houve, também, o levante de uma unidade da polícia civil, de tendência nacionalista, que foi rapidamente isolado e sufocado pelos franceses.

Que consequências deixaram esses acontecimentos para o movimento de libertação que se esboçava? Em primeiro lugar, ficava perceptível graças à disposição da população para a luta a existência de uma base social mobilizável. Em segundo, as deficiências organizativas em escala nacional e a falta de recursos (sobretudo armas) ficaram patentes. Em terceiro lugar, a existência de uma conjuntura político-diplomática propícia e o recebimento de algum tipo de apoio externo afiguravam-se como uma condição necessária para a expansão do movimento que, sem isso, não ultrapassaria o âmbito local e defensivo. Mas a guerra mundial ainda estava no início. Além disso, a permissão da administração Decoux para a instalação dos japoneses na Indochina tornava questionável o "protetorado" francês.

A ocupação militar japonesa no Vietnã e no Laos setentrionais preocupa o Kuomintang, que decide apoiar a criação de um movimento de guerrilhas antijaponês. Obviamente Chang Kai-Chek preferia os nacionalistas do Vietnã Quoc Dan Dang, mas estes careciam de implantação dentro do país, encontravam-se divididos por intermináveis rivalidades internas, além de serem extremamente corruptos, desviando a maior parte dos recursos entregues ao partido (o que, aliás, caracterizava o próprio Kuomintang em relação à ajuda norte-americana; parece também ser a regra de governos e movimentos políticos conservadores nessa situação).

Dessa forma, o governo de Chungking (capital dos nacionalistas chineses) foi forçado a apoiar uma frente que também incluísse o PCI. Afinal, já haviam acertado uma aliança com o PC chinês contra o Japão, abrindo uma trégua na guerra civil desde 1936 (obviamente a aliança foi marcada pela desconfiança recíproca, atritos e pela precaução do Kuomintang em guardar suas forças para a retomada da guerra civil contra os comunistas, após a derrota do Japão).

Em fevereiro de 1941, Nguyen Ai Quoc passa da China ao Vietnã e retoma contato com os grupos comunistas estabelecidos na década de 1930 e com a estrutura remanescente do levante de Bac Son. Em maio, é criada a Liga para a Independência do Vietnã (Vietnã Doc Lap Dong Minh ou, abreviadamente, *Viet Minh*). A frente anti-imperialista vincula-se a diversas organizações populares então criadas (de camponeses, mulheres, jovens, crianças, velhos, operários e militares), além de estruturar milícias de autodefesa e lançar um jornal destinado aos camponeses, em linguagem e argumentação simples, impresso com letras grandes para facilitar a leitura à luz de lampiões.

De fundamental importância foi a atitude adotada para com as minorias étnicas, que aderiram ao movimento e forneceram importantes quadros de liderança. Os diversos grupos, formados de sucessivas migrações, viviam em mundos estanques, e seus limites podiam ser demarcados em "curvas de níveis": os vietnamitas (Kinhs) viviam no delta do rio Vermelho e nas planícies litorâneas; mais para o interior, os Thays; nas colinas, os Zaos; e nos vales elevados e montanhas, os Meos. As regiões habitadas pelas minorias eram estratégicas, como santuários, para guerrilhas e corredor de comunicação com o sul da China.

Vo Nguyen Giap, ex-professor de História, foi o principal responsável pela elaboração de uma estratégia militar e um dos grandes articuladores da vitória da revolução vietnamita. Entretanto, Nguyen Ai Quoc dava prioridade absoluta ao fator político, ao qual devia subordinar-se a luta armada. Ao contrário do PC chinês, que possuía excelente instrumento militar e limitada infraestrutura política, o Viet Minh tinha ótima estrutura de militantes, mas poucos militares.

Assim, o partido enviou quadros politicamente sólidos à Academia Militar de Whampoa (criada pelos soviéticos em 1927 e agora controlada pelo Kuomintang), no sul da China, para a preparação da luta armada em escala "científica". Yenan, base dos comunistas chineses, ficava muito longe. Os militantes souberam aproveitar o ensino técnico sem se deixar "contaminar" ideologicamente pelos nacionalistas chineses. Uma vez adestrados, os quadros abriram escolas móveis nos santuários do Viet Minh, para formar quadros locais. Giap traduziu *A guerra de guerrilhas contra o Japão*, de Chu Teh, e redigiu com Pham Van Dong *O comissário político*. Dessa forma, ainda que contando com meios precários, formaram-se quadros de nível satisfatório.

Entrementes, a situação torna-se ainda mais difícil no segundo semestre de 1941 e no primeiro de 1942. Entre setembro de 1941 e fevereiro de 1942, os franceses lançam grande ofensiva contra os santuários do Viet Minh no Norte. Depois de seis meses de resistência, os guerrilheiros dividem-se em pequenos grupos. Alguns recuam para a fronteira chinesa, para se reorganizar, ao passo que a maioria funde-se na população e dedica-se às atividades de propaganda e organização política. O movimento operário resiste durante todo o inverno sem se desagregar, enquanto na planície a equipe de Troung Chinh mantém a estrutura clandestina entre os camponeses. Para evitar um isolamento do movimento, Giap organiza colunas que marcham para o Sul, desencadeando a "propaganda armada", que visava mostrar sua força, mas só combater o inimigo quando obrigado. Tal política elevava o moral do povo e criava problemas para o inimigo.

Em dezembro de 1941, a guerra amplia-se com o ataque japonês aos norte-americanos no Pacífico e às colônias europeias no Sudeste Asiático. O Vietnã torna-se ponto estratégico para a expansão japonesa rumo ao Sul. O Comitê Central do PCI lança o documento *A Guerra do Pacífico e as tarefas imediatas do partido*, em que propõe participação ativa na aliança contra o Eixo, ao lado dos Aliados, lutando paralelamente pela independência nacional. Nguyen Ai Quoc vai a Chungking buscar reconhecimento e auxílio do Kuomintang e dos norte-americanos, bem como estreitar vínculos com o PC chinês. Mas é preso por catorze meses por Chang Kai-Chek, que, na tentativa de ampliar seu controle sobre a resistência, reagrupa os exilados vietnamitas na liga Dong Minh Hoi, que exclui os comunistas.

A partir de 1942, os franceses iniciam grandes requisições sistemáticas de Paddy (variedade de arroz da região), além dos pesados impostos já cobrados regularmente. Isso vai gerar grande desnutrição, que enfraquecerá a população, causando a morte de 2 milhões de camponeses diretamente pela fome, no inverno de 1943-44, em especial no Tonkin e Anam (ou Bac Bo e Trung Bo). Além disso, os camponeses são obrigados a usar parte dos campos para culturas industriais, como a juta, o amendoim e o rícino, diminuindo ainda mais a produção de alimentos. Os japoneses, que agora haviam ocupado militarmente toda a Indochina (embora conservando a administração e as tropas francesas), exigem da administração colonial a entrega mensal de enormes somas em dinheiro. Tudo isso se destinava a alimentar o esforço de guerra de Tóquio.

Paralelamente, o Viet Minh procurou organizar melhor os santuários que ainda possuía, para dar refúgio à população, estocar arroz, abrir cursos de alfabetização, intensificar a preparação de pessoal para a autodefesa das aldeias e lançar as bases de uma administração paralela. A dureza criada pela exploração econômica também repercutiu nas cidades, onde, de março a junho de 1943, eclodiram várias greves de operários e funcionários, cujos salários eram rapidamente desvalorizados pela inflação. Simultaneamente ocorria intensa mobilização estudantil. A par da repressão policial a esses movimentos, os franceses, que já haviam substituído o lema da Revolução Francesa – *Liberté, égalité, fraternité* – pelo lema direitista – *Patrie, famille, travail* –, criaram numerosas organizações fascistas (associações católicas de jovens, estudantes e funcionários) e introduziram os grupos de escoteiros. Criaram editoras com publicações antimarxistas, astrológicas, "ciências ocultas", contos fantásticos, policiais e pornografia. Para a burguesia nacional, romances pessimistas e de um romantismo alienado. Fomentaram também divergências contra a minoria chinesa.

Os japoneses, por seu turno, desenvolveram a demagogia em torno de temas como a "Grande Ásia", "comunidade de cultura e raça" e criação de uma "zona de coprosperidade asiática". Paralelamente, fomentavam o "ódio aos brancos", estimulavam o intercâmbio entre budistas japoneses e vietnamitas, e o ensino de japonês. O Viet Minh contra-atacou, publicando as *Teses sobre a cultura do Vietnã*, em que rebatia os princípios (franceses e japoneses) e procurava ganhar a pequena-burguesia e a burguesia nacional para a causa da libertação nacional.

No inverno de 1943-1944, os franceses lançam a segunda grande ofensiva contra as bases de apoio do Viet Minh, muitas das quais são ocupadas. Há grande e desordenado afluxo de militantes e camponeses para os pontos que resistiram nas montanhas, onde a falta de recursos tornava-se maior. Concluída a ofensiva, as bases procuram organizar destacamentos de guerrilheiros em tempo integral, missões de assalto a postos isolados e execução de informantes. Para evitar afluxo caótico de simpatizantes às poucas zonas, substituem nos documentos o termo "insurreição" por "desencadeamento da guerrilha", de forma que se distribuísse o movimento por todo o território. Procuram, ainda, retomar a "rota para o Sul", enquanto retornam quadros que se haviam dispersado durante a ofensiva francesa.

Em março de 1944, Ai Quoc, recém-libertado e agora com o nome de Ho Chi Minh (Ho, aquele que ilumina), é autorizado a levar o Viet Minh para a liga Dong Minh Hoi, por causa da incapacidade político-militar dos nacionalistas. Mediante trabalho paciente e hábil, Ho transforma a liga em agência do Viet Minh, mas sem afrontar Chang Kai-Chek, que deseja atacar futuramente os japoneses no Vietnã.

No início de 1944, o PCI estabelece contato com comunistas alemães e social-democratas austríacos que integravam a Legião Estrangeira Francesa e a administração colonial e criam no Tonkin (Bac Bo) o Grupo Social-Comunista. Também mantém contatos com a esquerda francesa e com os gaullistas na Indochina. Em reunião com representantes desses grupos em novembro de 1944, o PCI alerta para a iminência de um confronto entre japoneses e franceses, pelo rumo que a guerra tomava; ficou acertado que os grupos lutariam para reduzir a requisição do Paddy, dar fuga aos presos políticos e passar armas ao Viet Minh, visando combater os japoneses.

Em junho de 1944, é fundado o Partido Democrático Vietnamita, congregando intelectuais e setores da pequena-burguesia e da burguesia nacional, sob influência do Viet Minh (ao qual adere) e dos rumos da guerra. No mês seguinte, um representante de De Gaulle salta de paraquedas na Indochina e entra em contato com os franceses, ordenando que ataquem os japoneses. Mas eles não o fazem, limitando-se a elaborar um plano de recuo para o Laos e de desencadeamento de guerrilhas na retaguarda japonesa, caso os franceses fossem atacados.

Obviamente, os militares e os administradores estavam comprometidos com os japoneses, tinham sido colocados em seus postos por Vichy e conheciam o perigo representado pelo Viet Minh para o colonialismo francês bem melhor que De Gaulle. Tanto é assim que em outubro as tropas francesas desencadeiam a terceira razia contra as bases do movimento de libertação no Norte, por ordem dos japoneses. Uma vez esgotado o ímpeto da ofensiva, Giap cria a Brigada de Propaganda do Exército de Libertação, contando com elementos de boa formação militar. O pequeno grupo possuía apenas dezenove fuzis e catorze mosquetões, os quais usavam munição produzida artesanalmente pelos montanheses. Depois de uma cerimônia na floresta, em que a bandeira do Viet Minh (vermelha com uma estrela dourada) faz sua aparição, os andrajosos guerrilheiros atacaram com sucesso alguns postos militares.

Os japoneses, por seu turno, depois de sofrer várias derrotas no Pacífico e perder a maior parte de sua esquadra, ampliaram em fins de 1944 suas zonas ocupadas no sul da China para garantir comunicação terrestre (ferroviária) com a Indochina e, por esta, com suas forças em todo o Sudeste Asiático. A Indochina torna-se, assim, peça-chave na estratégia do militarismo nipônico.

A Revolução de Agosto e a primeira independência (1945)

Em 9 de março de 1945, os japoneses atacam os franceses em toda a Indochina, derrotando-os completamente. Apenas algumas colunas, com poucos milhares de soldados, conseguem fugir para a China, pilhando as populações que encontravam em seu caminho. De um dia para o outro, a administração colonial desaparecia. O apelo do Viet Minh para uma aliança contra os japoneses é vão, em virtude do caos reinante entre os franceses. A deserção de quase todas as tropas auxiliares e de algumas unidades francesas deixa boa quantidade de armas para o Viet Minh. Na maioria das prisões há fugas de presos políticos, que organizaram *maquis* (guerrilhas), a mais importante em Hué, comandada pelo poeta Tho Huu e pelo futuro general Nguyen Chi Tan. Em Saigon, a estrutura clandestina do PCI (liderada pelo dr. Pham Ngoc Thach) amplia suas atividades nos subúrbios pobres, onde sua influência era grande.

Uma vez esmagada a administração Decoux, os japoneses proclamaram a independência do Vietnã, criando um governo colaboracionista, tendo Bao Dai como imperador e Tran Trong Kim como primeiro-ministro. O poder do governo era restrito, pois setores-chave da economia e os instrumentos de repressão continuaram nas mãos do Exército japonês, e sua autoridade era parcial no Nam Bo e Bac Bo (Cochinchina e

Tonkin), justamente as regiões mais importantes. No Bac Bo e Trung Bo (Anam), o novo governo apoiou-se nos recém-criados Partido do Novo Vietnã, Partido do Grande Vietnã e na organização Servir à Nação (todos grupos pró-japoneses).

No Nam Bo, além dos velhos grupos pró-nipônicos e das seitas político-religiosas Cao Dai e Hoa Hao, são criados o Partido da Independência do Vietnã, o Partido da Restauração do Vietnã e o Grupo de Defesa Nipo-Vietnamita. Mas tudo isso é superficial. O país é um verdadeiro barril de pólvora por explodir. Os camponeses famintos e os maquis Viet Minh atacam os depósitos de Paddy em dezenas de localidades. As próprias tropas do governo e mesmo japonesas são atacadas. Ho Chi Minh percebe que a liga Dong Minh Hoi desintegrara-se na prática, e o Viet Minh é a única força contra os japoneses. E o colapso destes não deve demorar, dada a proximidade dos Aliados em chegar à Indochina. Assim, amadurece a situação revolucionária.

Em meio ao quadro complexo, confuso e em rápida mutação, o Viet Minh corre contra o tempo, enfrentando uma série de obstáculos. A articulação do movimento entre as regiões ainda é precária. Em 15 de maio é criado o Exército de Libertação do Vietnã, resultado da fusão de todos os grupos de guerrilha e milícias de autodefesa. Desencadeia-se a tática de insurreições locais, como meio de organizar a insurreição geral. Ampliam-se as zonas libertadas, e nelas organizam-se os *comitês populares revolucionários*, bases da futura administração popular. As ofensivas japonesas contra as regiões são desbaratadas.

Em agosto os acontecimentos se precipitam. Os Estados Unidos lançam duas bombas atômicas sobre o Japão, e a União Soviética ataca o 1º Exército nipônico no norte da China. Tóquio inicia negociações, enquanto suas tropas no Vietnã comportam-se como uma serpente decapitada. Alguns generais são pela paz imediata, ao passo que outros preferem continuar lutando. Uma reunião do Estado-Maior degenera em tiroteio entre os comandantes japoneses. No dia 16, decidem recolher-se aos quartéis, e entregam a Guarda Civil, a Segurança Central e a Censura ao governo Tran Trong Kim/Bao Dai. No mesmo dia o Viet Minh cria um governo provisório, presidido por Ho Chi Minh, vencendo a tendência direitista de alguns setores do PCI, que desejavam fazer uma coalizão com o governo pró-japonês.

A insurreição geral do Viet Minh (desde 12 de agosto) não tirou o devido proveito da situação dos japoneses, sobretudo na apreensão de armas e domínio da economia. O governo fantoche continua dono da situação na maioria das cidades, enquanto oficiais franceses e elementos nacionalistas apresentam-se em algumas localidades para receber a rendição japonesa (o que causa grande inquietação aos revolucionários vietnamitas). No dia 17 o governo pró-japonês organiza um comício em Hanói, durante o qual oradores do Viet Minh (armados) tomam a palavra e inflamam a multidão com suas palavras de ordem. As tropas governamentais aderem à manifestação, enquanto a bandeira imperial (amarela, com três listras vermelhas horizontais) é substituída pela do Viet Minh (vermelha com uma estrela dourada no centro – igual à do Partido dos Trabalhadores brasileiro).

Os japoneses permanecem nos quartéis, aguardando o repatriamento. Em Hué se passa o mesmo no dia 23, quando 150 mil pessoas saem à rua em apoio ao Governo Provisório de Ho. Em Saigon, no dia 25, um contingente ainda maior deixa os subúrbios e ocupa o centro da cidade. No dia 30 de agosto, o imperador Bao Dai abdica, declarando que preferia "ser um simples cidadão de um Estado independente que soberano de uma nação subjugada" (receberá um cargo de conselheiro político do governo de Ho, e depois será exilado em Hong Kong, com uma pensão paga pelo Viet Minh). Na mesma data é proclamada a República Democrática do Vietnã (RDV). No dia da capitulação final do Japão (2 de setembro), Ho discursa em comício na cidade de Hanói, para meio milhão de pessoas.

Entretanto, a situação internacional torna-se cada vez mais difícil para o novo governo. Por decisão do Alto-comando Aliado, as tropas do Kuomintang ocupam o Norte para receber a rendição japonesa. As tropas, formadas de camponeses recém-recrutados, de pés descalços, vêm somar-se aos famintos vietnamitas no auge da cheia do rio Vermelho, ao passo que os soldados do Viet Minh fazem sua entrada triunfal em Hanói, em quadro que bem simboliza a contraditória situação do país. Enquanto isso, no Sul, forças britânicas desembarcam em Saigon, também a pretexto de receber a rendição japonesa. Como se não bastasse, numerosos agentes gaullistas, lançados de paraquedas no Vietnã, são detidos pelo Viet Minh.

No contexto aparentemente eufórico, mas intimamente sombrio, Ho deseja evitar a volta dos franceses ou cair sobre protetorado dos nacionalistas chineses. Para tanto, vai procurar explorar as contradições entre os Aliados e buscar o apoio da União Soviética e dos povos chinês e francês, o que é uma margem de manobra muito limitada. A Revolução de Agosto constituía o ponto culminante dos Três Ensaios Gerais: o assalto revolucionário de 1930-1931 (os Sovietes de Nghe Tinh), a ascensão do movimento de massas de 1936-39 e o movimento de libertação nacional de 1939-1945. Mas esta estava longe de ser a luta definitiva do povo vietnamita.

O triunfo da chamada "Revolução Nacional Democrática Popular" foi possível graças à aliança entre operários e camponeses, à criação de ampla frente política nacional e de forças armadas populares, à exploração das contradições franco-japonesas e à conjuntura criada pela Guerra Mundial em um sentido amplo, que fez da França o novo "elo mais fraco" do sistema imperialista. Esta era a primeira revolução anticolonial de inspiração marxista a triunfar (ainda que uma vitória provisória). Os princípios tático-estratégicos centrais do movimento encontravam-se nas teses do VI Congresso da Internacional Comunista (responsável por várias derrotas da esquerda na Europa), que afirmavam que a revolução democrático-burguesa nas colônias devia priorizar a questão nacional. Ho Chi Minh, que fora um quadro importante da Terceira Internacional, manteve-se sensível à orientação, a qual considerava apropriada para a realidade vietnamita.

2. A REVOLUÇÃO ANTICOLONIAL (1945-1954)

Com o fim da Segunda Guerra Mundial, era perceptível o enfraquecimento do colonialismo europeu. As metrópoles, duramente atingidas pelo conflito, realizaram grandes esforços para reverter a situação, combatendo as forças nacionalistas e revolucionárias que haviam conhecido enorme desenvolvimento durante a guerra. Procuraram recuperar as posições perdidas, em especial na Ásia, onde as resistências antijaponesas haviam solapado as bases do colonialismo. No caso da Indochina, o processo foi ainda mais profundo, pois a resistência também foi dirigida contra o fascismo francês.

Apesar de alguns sucessos, a Grã-Bretanha percebeu que o sistema colonial, tal como estava estruturado, tinha seus dias contados. E procurou adaptar-se, preparando independências formais, que conservaram seus interesses (neocolonialismo). Já a Holanda e a França preferiram restaurar a antiga situação pela força, sem atentar para a profunda transformação operada com a guerra. Os grandes conflitos na Indonésia e a Primeira Guerra da Indochina serão decorrência da política cega, e, particularmente, a guerra franco-vietnamita resultará na derrota de largas consequências para o colonialismo.

A FRÁGIL REPÚBLICA DEMOCRÁTICA DO VIETNÃ

A independência conquistada pelo Viet Minh ocorre em contexto muito difícil e contraditório. A fome, além do debilitamento físico da população e dos 2 milhões de mortos que causou, provocou forte migração para as cidades, onde os cadáveres se espalhavam pelas calçadas de Hanói. À enchente, seguiu-se uma terrível seca, que fez aumentar a escassez e a fome no Norte, onde estavam também acantonadas as tropas chinesas (200 mil soldados). Estas procuraram reforçar os nacionalistas vietnamitas (VNQDD), seus aliados no plano interno.

No plano internacional, a intervenção de Chang Kai-Chek responde também aos interesses políticos do imperialismo norte-americano para a região. No Sul, as forças britânicas utilizam as tropas japonesas como polícia, libertam e rearmam os soldados da Legião Estrangeira Francesa, procurando solapar o poder do Viet Minh na Cochinchina. Em setembro de 1945 começaram a ocorrer os primeiros ataques da Legião a militantes e a algumas aldeias, onde perpetram vários massacres de camponeses. Os anglo-franceses representavam a contraofensiva do colonialismo europeu.

Para o novo governo, tudo se encontrava por fazer, partindo do zero. Ho, Giap e Pham Van Dong procuraram habilmente atrasar o confronto. Para tanto, dissolveram formalmente o PC indochinês (setembro de 1945), que mergulhou na semiclandestinidade de um regime que, em última instância, era controlado por ele próprio. Formalmente, manteve-se apenas a Associação Indochinesa de Estudos Marxistas. Tal atitude deveu-se a uma necessidade tática, para um governo de coalizão com os nacionalistas (em decorrência da pressão chinesa e da necessidade de obter relativo consenso nacional).

O Governo Provisório lança algumas medidas visando saciar a fome da população: cultivos emergenciais até em áreas urbanas; direito de utilização de terras desocupadas; distribuição das terras comuns; abolição do mandarinato administrativo e judiciário; redução das rendas pagas pelos camponeses em 25%. A reforma agrária é extremamente cautelosa, pois o Viet Minh temia a reação dos conservadores. A estratégia de Ho prioriza ainda a questão nacional, a exploração das contradições entre os inimigos (nacionais e estrangeiros) e a acumulação de forças. Apesar das dificuldades do momento, o Viet Minh reforçou sua organização e ampliou suas bases sociais no centro e sul do país.

As eleições de janeiro de 1946 dão quase 90% dos votos para Ho Chi Minh. Na Assembleia Constituinte, o Viet Minh entrega setenta lugares aos partidos nacionalistas, apesar da escassa votação destes. Entrementes a França, ainda sem força para recuperar sua ex-colônia, procura ganhar tempo negociando com o Viet Minh, mas lhe negando legitimidade. Para o movimento de libertação, apresentava-se uma questão delicada: com quem negociar? A China era uma nação vizinha, apoiada pelos Estados Unidos, superpovoada e em guerra civil. A França encontrava-se enfraquecida, mas logo tentaria recuperar as posições perdidas. O espaço de manobra não é muito amplo: estimular as rivalidades internas do Kuomintang e manter negociações com os franceses. Estes negociam com Chang Kai-Chek a devolução do Norte ocupado (até o paralelo 16), em troca da anulação das Concessões francesas na China e do reconhecimento de alguns interesses chineses no Vietnã.

Paralelamente, um regimento francês ocupa Saigon e as principais cidades do Nam Bo (Cochinchina) em 23 de setembro de 1946, e outras unidades avançam para o Norte lentamente pelo litoral. O Viet Minh abandona as cidades (onde deixa estruturas clandestinas) e se retira para as florestas e regiões pantanosas. O general francês Leclerc percebe que esta é uma vitória aparente, pois as estradas abertas pelos blindados franceses são fechadas logo após sua passagem. Suas propostas de negociação são vetadas pelo almirante D'Argenlieu e outros partidários do confronto direto, que convencem De Gaulle.

Enquanto a guerra já está ocorrendo no Sul, os franceses chegam a um acordo com Chang Kai-Chek. Os soldados franceses que haviam fugido para a China em 1945 voltam ao Tonkin, de onde os chineses deviam retirar-se. Estes adotam atitude ambígua, estimulando os partidos nacionalistas a derrubar o Viet Minh e tomar o poder. Os nacionalistas, aos gritos de "abaixo os traidores pró-franceses, Bao Dai no poder", reclamam nos bastidores mais cargos no governo. Quando os franceses chegam, os chineses retiram-se sem apoiar seus aliados, que ficam em situação difícil. Ho aceita a ocupação de Tonkin pelos franceses, e em troca estes reconhecem a República Democrática do Vietnã (RDV), "livre, mas sem autonomia" (Estado Associado à União Francesa, sem a Cochinchina).

Fracassam em abril de 1946 as negociações de Dalat, enquanto a guerra prossegue no Sul e os incidentes multiplicam-se no Norte. Em 1º de junho a França cria um governo provisório na Cochinchina. Ho e Pham Van Dong vão a Paris negociar. Fica clara a determinação francesa de retornar à situação de 1939. Ho aproveita para apresentar-se ao povo francês como uma espécie de Gandhi vietnamita. Em Hanói, os nacionalistas procuram sabotar a diplomacia do Viet Minh, com um plano de atentado aos franceses no desfile de 14 de julho.

Descoberto o complô, Giap ataca os nacionalistas em Hanói e no interior, dispersando-se. O confronto total avizinhava-se. Quando Ho volta de Paris, decide recriar as milícias locais, estruturar uma administração de células de base, e reorganizar e reaparelhar o Exército (60 mil em fins de 1946). Em relação às regiões ocupadas, o Viet Minh decide cortar a comunicação entre as cidades francesas, bloquear a economia, isolá-las politicamente e estabelecer um cerco militar. Ho caracteriza a luta que se inicia: "Se o tigre parar, o elefante o transpassará com suas possantes presas. Mas o tigre jamais parará e o elefante morrerá de exaustão e hemorragia".

A RECONQUISTA COLONIAL E A GUERRA FRANCO-VIETNAMITA (1946-1950)

Os revolucionários vietnamitas fizeram todas as concessões possíveis para obter uma solução negociada para a independência. Por mais de um ano suportaram sem revidar um sem-número de provocações e agressões, até que em fins de outubro os franceses cortaram a exportação de arroz para o Norte. Para evitar o colapso do abastecimento, o governo da RDV isentou os camponeses e o comércio interno de impostos, ficando com as receitas aduaneiras como única fonte de renda. Então os franceses exigiram participação nessa renda, sem dúvida para estrangular o governo do Viet Minh. Diante da recusa deste, os franceses bombardearam Haiphong (23 de outubro), causando 6 mil mortos, e desembarcaram.

O Viet Minh prega a resistência, entrincheira-se em Hanói e evacua a população. A cidade é cercada em dezembro e resiste em uma luta de casa em casa até fevereiro de 1947, quando suas tropas retiram-se pelo rio Vermelho, burlando o cerco. Os franceses ocupam uma Hanói desabitada e em ruínas, onde nas poucas paredes ainda em pé lê-se *nós voltaremos*. Muitas cidades são destruídas pela população, que se retira para o campo. À noite, os guerrilheiros "tocam piano" nas estradas (produzem grandes buracos alternados em cada pista): 10.700 quilômetros de rodovias e 1.500 quilômetros de ferrovias são inutilizados pela resistência. Quase todas as pontes do país foram destruídas. Ho declara aos franceses: "Vocês me matarão dez homens, enquanto eu lhes matarei um. Mas mesmo com essa conta, vocês não poderão aguentar e eu vencerei".

Em *A resistência vencerá*, em que Truoung Chinh compilou vários artigos publicados pela Associação Indochinesa de Estudos Marxistas, encontra-se a tática do Viet Minh para a nova guerra, inspirando-se na *Guerra prolongada* de Mao. A primeira fase seria defensiva, com combates de retardamento e dispersão de forças pelo campo, passando depois à guerrilha generalizada, até atingir um equilíbrio. Na segunda etapa, os franceses desencadeariam razias sistemáticas contra as zonas libertadas. A reação seria a eclosão de guerrilhas na retaguarda inimiga e a guerra de movimento. A terceira etapa seria marcada pelo reagrupamento de forças, passando à contraofensiva geral, da guerra de movimento à guerra de posições. Aí então poderiam retomar as negociações, ao passo que a ascensão do movimento de libertação em outras colônias poderia facilitar a contraofensiva, apesar da inferioridade.

A intensificação da guerra contra o Vietnã vincula-se aos acontecimentos franceses e internacionais. O ano de 1947 marca a expulsão do Partido Comunista Francês do governo de coalizão (alguns ministros vão direto para a prisão) e a formação da *Doutrina Trumam*, intensificando a Guerra Fria com a política de Contenção do Comunismo (*Containment*). Essa política implicou uma perseguição às esquerdas nos países capitalistas, pressão sobre as democracias populares europeias aliadas da União Soviética (pressão diplomática, ofertas econômico-financeiras e apoio às forças conservadoras desses países) e a intervenção militar nos países de periferia (que iniciaria no mesmo ano na Grécia e se estenderia até o Vietnã).

Em outubro de 1947, os franceses desencadeiam poderosa ofensiva contra as bases do movimento de libertação no Norte. Os paraquedistas conquistam o local do comando do Viet Minh, que foge para a floresta. Giap dispersa suas tropas regulares, que desencadeiam uma guerrilha intensa na retaguarda do Exército colonial e conseguem enfraquecer a ofensiva. Esta, apesar de constituir um poderoso golpe, é desfechada no vazio. Os franceses são obrigados a estender suas linhas, dispersar tropas e, com isso, tornaram-se vulneráveis. A área conquistada era uma zona hostil e acidentada. A estrada colonial 4, que corta a região, ficou conhecida como a "estrada sangrenta". Em abril de 1948, um comboio de cinquenta caminhões é destruído.

Os norte-americanos toleravam, embora criticassem, a política francesa na Indochina, porque precisavam do apoio de Paris para a criação de uma aliança militar no Atlântico (a Organização do Atlântico Norte — Otan) e por causa das derrotas do Kuomintang na guerra civil chinesa. Em 1947, os Estados Unidos contatam Bao Dai em Hong Kong e aconselham os franceses a desenvolver uma política mais inteligente. Estes, em virtude de suas crescentes dificuldades, são obrigados a aceitar a política de Washington, em troca de apoio financeiro e militar.

Em 1948, Bao Dai é trazido para receber a independência de todo o Vietnã (incluindo a Cochinchina, que os franceses haviam recusado à RDV). Mas a França domina a diplomacia, o Exército e mantém seus interesses econômicos no novo "Estado". Bao Dai agora invertia sua máxima, preferindo ser o rei de uma nação subjugada a um simples cidadão do Império

Britânico... No plano interno, a farsa era evidente, pois Bao Dai tinha tão pouco poder como antes de 1939 com os mesmos franceses quanto com os japoneses durante a Segunda Guerra Mundial. Entretanto, isso não quer dizer que o rei e os franceses carecessem de apoio interno (os próprios franceses utilizaram essa "independência" para procurar solapar as bases de apoio do Viet Minh): mais de meio milhão de vietnamitas católicos no Norte, os grandes proprietários de terra, soldados e administradores franceses ou a seu serviço, a burguesia francesa e os comerciantes vietnamitas, além do grupo Bin Xuyen e das seitas religiosas-militares Hoa Hao e Cao Dai no Sul apoiaram os franceses e o rei.

Os Hoa Hao eram uma seita budista reformada, cujo núcleo básico era constituído por latifundiários do delta do Mekong. Os Cao Dai eram uma combinação eclética de confucionismo, budismo e catolicismo. Controlavam as rotas comerciais entre Saigon e Camboja. Ambos tinham seus próprios exércitos (que apoiaram os japoneses anteriormente) e contavam aproximadamente um milhão de habitantes. O que é novo na situação são as ligações dos norte-americanos com o governo Bao Dai e, sobretudo, o apoio a seu Exército. Por pressão de Washington, os poderes de Bao Dai são ampliados em 1949, e este recebe o reconhecimento norte-americano em 1950.

O Viet Minh reorganizou a resistência nos deltas, que durante o dia eram franceses, mas à noite estes eram recolhidos às bases militares. Também nas cidades do Sul a resistência foi reforçada (os restaurantes frequentados por franceses em Saigon tiveram de instalar proteções contra granadas). A guerra popular teve de lançar mão de grande engenhosidade. O militante comunista Trang Dang Ninh (ex-tipógrafo) organizou uma eficaz rede de transporte pelas montanhas, a pé ou em largas colunas de bicicletas carregadas com 200 quilos, empurradas em trilhas abertas pelos camponeses.

O engenheiro Tran Dai Ninh e um operário desfigurado por uma explosão, Ngo Gia Kham, foram encarregados de fabricar armas para a guerrilha. Organizaram a desmontagem do ateliê Caron de Haiphong, quando do ataque francês, e o transportaram por centenas de quilômetros a pé ou em lombo de animais, até as montanhas. Lá, em plena floresta, eles conseguiram copiar os dois únicos obuses do Viet Minh, e meses depois destruíram um tanque (mas essa façanha foi precedida de vários fracassos e acidentes). Depois desenvolveram morteiros completos e canhões sem recuo.

Em fins de 1948, o Exército francês (integrado também pela Legião Estrangeira – repleta de fascistas refugiados da Europa, por soldados coloniais árabes, africanos e tropas de Bao Dai) encontra-se literalmente atolado. Três quartos do rio Vermelho são permanentemente controlados pelo Viet Minh. No delta do Mekong, os franceses só conseguem entrar na zona de juncos, reunindo grandes contingentes, e a guerrilha atuava até próximo dos subúrbios de Saigon. No início de 1949, caem vários postos franceses no Norte e, em outubro, a vitória comunista na Revolução Chinesa e a instauração da República Popular da China terminam o isolamento dos revolucionários vietnamitas.

Os franceses evacuam apressadamente a fronteira, concentrando-se em Hanói, onde a vida recém-recomeçara. No início de 1950, comandos guerrilheiros infiltram-se na cidade e destroem aviões, depósitos de munições e transformadores elétricos. Em Saigon sucedem-se greves estudantis. Cem mil pessoas participam dos funerais de um estudante morto em manifestação contra Bao Dai. Em 19 de março, um protesto contra a visita do almirante norte-americano Radford transforma-se em insurreição. Dezenas de ônibus e automóveis franceses são queimados no centro da cidade.

Ho decide passar para a "terceira etapa", reagrupando suas forças e conclamando a população a reparar as estradas da zona montanhosa do Norte, intensificar a sabotagem nas planícies, preparar a contraofensiva e criar um exército clandestino urbano. No segundo semestre de 1950, os franceses sofrem graves derrotas nas montanhas, a pior delas na batalha de Cao Bang, e recuam para o delta. Muitos estudantes, entusiasmados pelas possibilidades abertas pelo estabelecimento de um regime socialista em sua fronteira e pelas derrotas francesas, pensam em uma vitória rápida. Mas estavam equivocados.

A Revolução Chinesa, o Viet-Minh e a derrota francesa (1950-1954)

O início da década de 1950 marca alteração significativa no contexto internacional e regional, com repercussão direta na guerra. A fundação da República Popular da China representa um golpe para a política de Washington na Ásia, pois o país era peça-chave na estratégia norte-americana. A situação obriga-os ao envolvimento direto com a região. Com o desencadeamento da Guerra da Coreia, os Estados Unidos intervêm militarmente em apoio aos sul-coreanos, salvando-os e ameaçando os norte-coreanos e a própria China, que intervém em defesa destes.

A Ásia Oriental torna-se ponto nevrálgico da Guerra Fria. O Kuomintang refugia-se na ilha de Formosa, sob proteção da Marinha norte-americana. Na Conferência de Londres sobre a Indochina (abril de 1950), os Estados Unidos decidem enviar mais dinheiro e armas aos franceses, além de missões militares, para a destruição do movimento de libertação. Em dezembro de 1950, Estados Unidos, França e os "Estados Associados" Indochineses assinam acordo de defesa mútua. No mesmo ano, a União Soviética, a República Popular da China e os demais países socialistas reconhecem a República Democrática do Vietnã.

No novo contexto, os franceses enviam à Indochina seu melhor estrategista, o general Lattre de Tassigny, que estabelece uma moderna linha fortificada (que leva seu nome) em torno do delta do rio Vermelho, isolando a zona produtora de arroz do planalto controlado pelo Viet Minh. No primeiro semestre de 1951, fracassam três ofensivas de Giap ao delta. Paris e Washington exultam.

Mas, ao transformar as pequenas bases em grandes fortificações fixas e grupos móveis, Lattre não supera o dilema enunciado por Giap em sua análise da nova situação:

> (o corpo expedicionário francês) se encontra diante de uma contradição: sem dispersar suas tropas, era-lhe impossível ocupar os territórios invadidos; ao dispersá-los, eles colocavam a si próprios em dificuldade. Suas unidades divididas tornavam-se presas fáceis para nossas tropas, suas forças móveis se encontravam cada vez mais reduzidas e a penúria de efetivos não fazia mais que se acentuar. Se ele concentrava as tropas para poder fazer face à nossa ação e retomar a iniciativa, suas forças de ocupação diminuíam tanto que se lhe tornava difícil, mesmo impossível, guardar o terreno adquirido.

Embora sem tal visão, Lattre sente a falta de efetivos e lança mão cada vez mais do Exército de Bao Dai. Todavia, em julho de 1951, seu fracasso é completo, pois era uma tropa composta de camponeses recrutados à força e dirigida por pequeno-burgueses mais interessados no soldo e no tráfico.

Nesse contexto, é dissolvido o Partido Comunista Indochinês e são criados partidos independentes para o Laos, Camboja e Vietnã. O deste último é denominado Partido dos Trabalhadores do Vietnã (Lao Dong), e é uma continuidade do PCI, embora enfatize mais a longa duração da resistência, a questão nacional e o alargamento da base social da revolução vietnamita (como o novo nome indica). Nas zonas libertadas pelo Viet Minh, este intensifica as campanhas de alfabetização, concede autonomia às minorias étnicas (quase 3 milhões de pessoas) e procede a uma reforma agrária com a redução da taxa de juros e o confisco e a divisão das propriedades dos pró-franceses, que se refugiam em Saigon. Em 1953, são expropriados todos os latifúndios, independentemente da posição política do proprietário. A base camponesa do Viet Minh solidifica-se.

Em vista do atoleiro em que a guerra novamente caíra, Lattre vai aos Estados Unidos, em setembro de 1951, para "vender a guerra". Os norte-americanos enviam armas para Bao Dai e conselheiros que vão se responsabilizar pelas operações militares. Washington fornecerá os dólares, ao passo que Paris e Saigon fornecerão o sangue. Em 1951, os Estados Unidos cobrem 15% da guerra; em 1952, 35%; em 1953, 45% e em 1954, 80%. No outono de 1951, os franceses lançam ofensiva no vale do rio Vermelho para desviar a pressão da resistência sobre o delta. Mas este é fonte de problemas cada vez maiores. Vários postos são tomados pela guerrilha.

A cada manhã é necessário reabrir os 100 quilômetros da rodovia e ferrovia para Haiphong, que já estão minadas e sabotadas à noite. Quando o trabalho acaba, é noite novamente, e apenas um comboio e trem percorrem a estrada. É um verdadeiro trabalho de Penélope para os franceses. A densidade de 1.000 habitantes por km² do delta constitui uma "floresta" ainda mais perigosa para o Exército colonial. Quando este esquadrinha um setor, o Viet Minh resiste e depois mergulha nos famosos túneis, ou funde-se na população, e volta a reagrupar-se em outro setor. O mesmo ocorre próximo a Saigon. No fim do ano, Lattre (um dos tantos generais-açougueiros que o Ocidente levou à Indochina) abandona o Vietnã abatido pelo fracasso de sua estratégia e pela morte de seu filho em combate. Diante da situação, os Estados Unidos assinam um Acordo de Cooperação Econômica com o governo Bao Dai, ampliando e melhorando seu Exército e colocando também conselheiros civis na administração.

No verão de 1953, os franceses controlam menos de 60% do delta do rio Vermelho durante o dia, e 30% à noite. Nas montanhas, criam os *campos entrincheirados* (apoiando-se no mito de Verdun[1]), que atingirão seu paroxismo em Diem Bien Phu. O Viet Minh estende, então, sua atuação ao Laos, em conjunto com a guerrilha do Pathet Lao, e ao Camboja, em apoio aos maquis do grupo Khmer-Issarak. A guerrilha amplia as rotas

---

[1] Aqui a experiência das trincheiras da Primeira Guerra Mundial é evocada, em particular na mais dura batalha do conflito, a de Verdun, onde foi travada luta de desgaste.

e estradas "invisíveis" nas montanhas: 350 quilômetros de novas estradas e conserto de 4 mil quilômetros bombardeados. Por esses caminhos circulam à noite comboios de caminhões Molotova, de fabricação soviética. Toda a população é mobilizada para a "campanha" dos transportes: 100 quilômetros de rodovias abertas em sete meses em uma região onde os franceses construíram 360 quilômetros em 26 anos.

O general Navarre, sucessor de Lattre, depois de dezoito meses de imobilidade, agrupa suas tropas e as lança contra a região norte controlada pelo Viet Minh. Giap reage lançando um ataque no Laos setentrional, com objetivos políticos. A França precisava proteger o "Reino Associado" e vender uma imagem de força, pois o príncipe Sihanuk do Camboja estava pressionando pela independência completa de seu país, e Bao Dai barganhava mais concessões. Perder o controle da situação seria a desintegração dos interesses franceses na Indochina. Assim, para fazer frente a esse imperativo político, o Exército colonial é obrigado a dispersar suas tropas. Mas o Viet Minh e o Pathet Lao intensificam a ação, estendendo o ataque ao centro e ao sul do Laos, fazendo os franceses enviar mais reforços.

Navarre decide então cortar as ligações entre a zona libertada pelo Viet Minh no norte vietnamita e o planalto laosiano. Para tanto, cria uma base fortificada, dotada de tropas de elite, em Diem Bien Phu, um lugarejo perdido nos confins da fronteira montanhosa entre os dois países. Mas a eficácia da base seria nula para tal propósito, pois corta um eixo fictício. A noção espacial europeia não se aplica a essa realidade, pois os comboios passam por toda parte. Ocorre, contudo, que uma das razões para o controle da área é que ela constituía rota para o tráfico de drogas (proveniente do Triângulo de Ouro do norte da Birmânia, controlado por um general do Kuomintang), que, por diversos mecanismos, auxiliava os franceses a financiar seu dispendioso esforço de guerra.

Os franceses procuram usar a base também como elemento de atração da guerrilha para uma batalha decisiva de tipo convencional. Giap mobiliza todos os meios de transporte e consegue reunir forças importantes para a batalha, que se inicia em 13 de março de 1954. Diem Bien Phu é logo cercada, e só pode ser abastecida pelo ar. Após dura resistência, 16 mil soldados de elite rendem-se ao Viet Minh. A batalha ocorre em uma conjuntura importante. Desde fins de 1953, parte da direita francesa percebe que está lutando inutilmente, e pelos interesses dos Estados Unidos, posicionando-se contra a guerra defendida pelo governo Laniel-Bidault (pró-americano).

Em junho, assume o gabinete Mendès-France, que é pelo fim do conflito. Foster Dulles e boa parte da cúpula norte-americana defendem uma intervenção militar com franceses e britânicos e bombardeios maciços, até mesmo atômico (*Operação Vautour*). O plano só não se concretiza pela oposição e fadiga dos franceses, pelo desinteresse dos britânicos (que tinham seus próprios problemas), pela oposição de grupos políticos dos Estados Unidos que desejavam preservar a pequena *détente* obtida com a paz na Coreia e de militares, como Ridgeway, que haviam lutado na guerra e achavam perigoso para o Exército norte-americano uma intervenção direta na Ásia.

No Laos e no Camboja, a situação também chega a uma definição. A resistência antijaponesa laosiana proclamara a independência do país em 1945, mas o Exército francês reocupa o Laos. Organiza-se a Frente Pathet Lao (Pátria Lao), liderada por Suvanavong (o "príncipe vermelho") e por seu meio-irmão, o príncipe Suvana Fuma. A Frente luta contra os franceses dentro da política do Viet Minh. Em 1949, Paris concede ao Reino do Laos uma independência limitada dentro da União Francesa, com o rei Savang Vatthana. Suvana Fuma negocia e passa e integrar o governo, mas Suvanavong e a maior parte do Pathet Lao continuam a resistência armada, libertando quase metade do país dos franceses até 1954.

No Camboja, o príncipe Norodom Sihanuk encontrava-se no trono desde 1941. Com a reocupação francesa em 1945, desencadeia-se a resistência. Em 1947, as autoridades coloniais concedem também uma independência limitada ao Reino, dentro da União Francesa. O príncipe Sihanuk, sem dúvida um dos mais hábeis políticos do século, procura barganhar com os franceses a ampliação da independência do país, enfraquecendo a resistência. Em 1951, esta cria a Frente Khmer Issarak (Khmer Livre) e reinicia a luta armada. Em 1953 é reconhecida a plena independência do Reino do Camboja e de seu regime neutralista.

O governo de Washington procurou impedir a Conferência de Genebra a todo custo, mas sem sucesso. Em 8 de julho iniciaram-se os trabalhos, com a participação da República Democrática do Vietnã, do Reino Unido do Vietnã (de Bao Dai), da França, dos Estados Unidos, da Grã-Bretanha, do Camboja, do Laos, da União Soviética e da República Popular da China. A maior parte do Vietnã encontrava-se nas mãos do Viet Minh (no Norte os franceses só controlavam o corredor Hanói-Haiphong). Cada lado possuía meio milhão de homens em armas.

Os Acordos de Genebra são assinados em 20 de julho por todos os participantes da Conferência, exceto pelos Estados Unidos, que fazem um ambíguo comunicado em separado. Fica estabelecido o cessar-fogo e a *divisão temporária* do Vietnã (paralelo 17). O cumprimento teria supervisão internacional do Canadá, da Índia e da Polônia. O Viet Minh deveria reagrupar-se ao norte da linha divisória e as forças francesas e de Bao Dai ao sul, em um prazo de noventa dias. Os civis teriam dois anos de prazo para mudar-se para o lado de sua preferência. Os prisioneiros de ambos os lados seriam libertados.

Em julho de 1956, deveriam realizar-se eleições gerais e livres para a escolha de um novo governo para o Vietnã unificado. O Laos e o Camboja tornaram-se reinos plenamente independentes e tiveram reconhecida sua neutralidade. A resistência cambojana deveria dissolver-se e a laosiana reagrupar-se em duas províncias do Nordeste. Com o fim da Conferência, John Foster Dulles faz uma declaração ao *US New and World Report* de 30 de julho de 1954, que expressou a política norte-americana para o futuro: "Parece que tudo está perdido para o homem branco não comunista na Ásia. Agora é a vez dos asiáticos não comunistas".

3. Socialismo no Norte e guerra civil no Sul (1954-1965)

O período que se abre com os Acordos de Genebra marca a divisão do Vietnã, que o incremento da presença norte-americana no Sul irá perpetuar. A conjuntura internacional reforça a tendência. A implementação de reformas na via socialista no Norte e a estruturação de um capitalismo neocolonial no Sul parecem momentaneamente dar contornos geográficos à divisão social do Vietnã. Mas a resistência popular às atrocidades perpetradas pelo governo de Diem e pelos norte-americanos mostra a artificialidade da *solução nacional* dada a um *problema social*. A fundação da Frente Nacional de Libertação do Vietnã do Sul (FNL) e a crescente presença militar dos Estados Unidos marcam o início da Segunda Guerra do Vietnã.

A divisão e o regime neocolonial no Sul

Não podendo impedir a Conferência de Genebra, Washington irá procurar evitar a todo custo a materialização das questões dela, em particular as eleições, pois sabia perfeitamente que seus aliados perderiam. Também era necessário livrar-se dos franceses e de seus apoios internos. Logo após a assinatura do Acordo de Genebra, os Estados Unidos impõem Ngo Dinh Diem como primeiro-ministro de Bao Dai. Em novembro de 1954, é criada a aliança militar Organização do Tratado da Ásia do Sudeste (Otase), com a participação de Estados Unidos, Grã-Bretanha, França, Austrália, Paquistão, Tailândia e Filipinas, que prevê a possibilidade de uma intervenção militar na Indochina. Então, por pressão de Washington, os franceses concordam em retirar suas tropas do Vietnã até 1956 e transferem o poder a Diem, em troca da manutenção dos interesses econômicos e comerciais. Bao Dai fica como figura decorativa, embora mantenha o apoio de alguns grupos.

Os católicos do Norte e os soldados vietnamitas do Exército francês com suas famílias, em torno de 870 mil pessoas, cruzaram o paralelo 17 rumo ao Sul. O clero católico vietnamita era constituído majoritariamente por padres franceses, espanhóis e irlandeses ferozmente anticomunistas, vários deles fascistas *émigrés*. Para os que imigrassem para o Sul, foi-lhes prometido terra. A chegada dessa massa, que havia apoiado o colonizador francês contra seu próprio povo, deu o pretexto para que os Estados Unidos denunciassem o "totalitarismo" da RDV, "terror no Norte" etc. Enquanto isso, 100 mil soldados do Viet Minh atravessavam o paralelo 17 em sentido contrário. Isso debilitou o poder militar da resistência no Sul, embora sua força política no campo permanecesse quase inalterada.

Segundo relatórios de assessores norte-americanos, fora das aldeias das seitas Cao Dai e Hoa Hao, 50 a 70% das aldeias eram controladas ou influenciadas pelo Viet Minh no Vietnã do Sul. Os funcionários franceses eram mais pessimistas: 60 a 90% das aldeias eram bases da resistência. Em setembro de 1954, com a saída dos soldados do Viet Minh, iniciaram-se os massacres de camponeses nas chamadas "campanhas de denúncia de comunistas". Centenas de aldeias queimadas, milhares de pessoas assassinadas coletivamente e de prisioneiros colocados nas famosas "jaulas para tigres". Desde o início, os comunistas denunciaram a violação dos Acordos de Genebra sem reagir: não apenas os presos políticos não haviam sido libertados, como os simpatizantes do Viet Minh estavam sendo mortos ou aprisionados (e Ho, que havia libertado os pró-franceses que foram para o Sul, era o acusado de terrorista...). Ho Chi Minh tentou desesperadamente fazer cumprir os acordos, tal como fizera em 1945-1946. E, como daquela vez, foi a agressão da outra parte que levou ao reinício da guerra.

Depois de semear o terror nas regiões que haviam apoiado o Viet Minh, Diem desencadeia, com o apoio da Central de Inteligência Norte-Americana (CIA), uma ofensiva contra os conservadores pró-franceses. Em março de 1955, suas tropas atacam a gangue Binh Xuyên, que controla a polícia de Saigon, e a "Frente Unificada das Forças Nacionais", que congrega as seitas Hoa Hao, Cao Dai e a velha guarda do exército de Bao Dai. Depois de massacrar os inimigos, Diem estabelece aliança com a parte do Exército de Bao Dai organizada pelos Estados Unidos, por pressão norte-americana.

O novo senhor de Saigon formaliza então pedido de apoio a Washington, que põe em ação o projeto *Vietnã Livre*, carreando 250 mil dólares de ajuda anual ao novo regime e desencadeando uma campanha publicitária internacional em favor do "pequeno povo corajoso que resiste à agressão comunista". Uma vez consolidado no plano interno e externo, os norte-americanos organizam um plebiscito em outubro de 1955, em que a monarquia de Bao Dai (63 mil votos) é substituída pela República de Diem (5,7 milhões de votos) em fraude impressionante.

Tratava-se apenas de uma "troca da guarda"? Certamente que não, pois era algo novo e importante. Os franceses e Bao Dai vão embora em 1956 menos por estarem desgastados e mais por atrapalharem os planos norte-americanos. Os Estados Unidos querem tomar o *affair* Vietnã totalmente em suas mãos e resolvê-lo à sua maneira: eliminar a resistência no Sul e, depois, atacar a RDV. E os Acordos de Genebra? A esse respeito, Washington lembrará que não os assinou, e Diem dirá cinicamente que seu regime nada tem a ver com eles, pois foram assinados pelo antigo Reino do Vietnã (de Bao Dai)... Em maio de 1957, em *tournée* pelos Estados Unidos, Diem declara aos jornalistas: "As fronteiras dos Estados Unidos se estendem até o paralelo 17". Desde abril de 1956 o Military Aid and Advisory Group, comandado pelo general O'Daniel, torna-se o responsável pelo Exército sul-vietnamita, cujo Estado-maior só pensa em "eliminar os comunistas no Sul, atravessar o Bên Hai e marchar sobre o Norte". Essa é a história da destruição dos Acordos de Genebra. As eleições e a unificação previstas para julho de 1956 são frustradas.

O regime de Diem é dotado de uma Constituição e de uma Assembleia Nacional fantasmas, para dar legitimidade internacional à publicidade norte-americana. O novo presidente, típico representante feudal e católico vietnamita, coopta os latifundiários do delta do Mekong, que se haviam refugiado em Saigon na época dos franceses, prometendo devolver-lhes a terra. Diem cria o Movimento Revolucionário Nacional, uma frente para apoiar o governo. Mas o verdadeiro instrumento de poder é a organização secreta Can Lao (Partido dos Trabalhadores e Personalismo), que tinha células em todas as instituições do país. A filosofia oficial do regime é o *personalismo*, uma mescla de espiritualismo católico de direita com um anticomunismo à la Dulles. A mídia procura construir uma imagem populista de Diem, para fazer frente à popularidade do "tio Ho". A contrapartida internacional da publicidade é a apresentação do presidente pela imprensa norte-americana como o "Churchill da Ásia", o "Homem miraculoso do Vietnã do Sul" (Richard Morrock ironiza esse *miraculoso*, "possivelmente pela habilidade com que fazia desaparecer seus adversários políticos").

O verdadeiro núcleo de poder do regime era a própria família Diem (que nada ficava devendo aos Marcos nas Filipinas, Somoza em Nicarágua e aos "Doc" no Haiti). Praticamente todos os cargos importantes eram ocupados pela família: o irmão Ngo Dinh Nhu era chefe das duas organizações partidárias; a cunhada presidia a liga feminina e o parlamento fantasma; Ngo Dinh Can, outro irmão, era uma espécie de vice-rei em Hué e tinha sua própria polícia secreta. O arcebispo Ngo Dinh Thuc, também seu irmão, e uma irmã dominavam a maioria das empresas na Cochinchina (Nam Bo) e Anam (Trung Bo), respectivamente; o irmão Ngo Dinh Luyer era embaixador em Londres, e o pai da senhora Nhu era embaixador em Washington (é desnecessário destacar a grande importância dos dois últimos, em um regime que sobrevivia graças ao apoio externo).

Até ministros do governo, que não pertenciam ao clã Diem, temiam o presidente (muitos foram eliminados). Em

Exército formado por tropas budistas, todos os capelães eram católicos. Ao centrar a base do governo na minoria católica, quase toda emigrada do Norte, o regime excluía até parte da direita (ou seja, o regime de Diem não era democrático nem no nível da classe dominante). A maioria da ajuda era absorvida pela própria família, e todos os favores eram concedidos apenas aos católicos.

O caráter excludente e repressivo do governo de Saigon criava descontentamento e reação cada vez maiores. Nos "anos de paz", de 1954 a 1959, morreram mais pessoas no Vietnã do Sul que na Primeira Guerra da Indochina. A violência aumentou após 1956. O exército de Diem era bem estruturado, com unidades de elite, tropas regulares, unidades de segurança provinciais e guardas civis no nível nas aldeias. Mas parte da "força" desse aparato residia no fato de não haver luta organizada contra ele antes de 1960. A deterioração do regime no fim da década de 1950 foi visível. Sucederam-se "eleições": 25% de abstenções foram registradas em Saigon, onde havia observadores, e apenas 5% no campo, onde a maioria da população é analfabeta. Diem obteve dois terços dos votos em Saigon e 99% no campo, em particular no registro de aldeias que se encontravam em poder do Viet Minh! Os Estados Unidos apresentaram a Diem projeto de reforma agrária para o delta do Mekong, visando solapar a base social do Viet Minh nas proximidades de Saigon. O plano foi elaborado com a coordenação de Wolf Ladejinsky, que ironicamente havia sido acusado de comunista pelo senador Joseph McCarthy. O projeto aparentemente favoreceu os camponeses, mas, como observa o *The New York Times* de 5 de abril de 1955, "normalmente são os arrendatários que estão relutantes. Nas partes do Vietnã, entretanto, os proprietários estão aceitando o plano de reforma agrária do governo mais prontamente que os arrendatários". Isso se devia ao fato de que este visava devolver parte da terra aos latifundiários expropriados e fazer os camponeses pagarem pelas restantes. O governo reduzia rendas que o Viet Minh abolira e vendia-lhes terras que a resistência já lhes havia concedido gratuitamente. O resultado é a reação armada dos camponeses, organizada pelo Viet Minh.

Além disso, o governo não cuida da indústria, que retrocede. O crédito agrícola subsidiado vai todo para os ricos e favoritos do regime. A corrupção é a regra generalizada. A política para as minorias nacionais de Diem é um problema adicional. Enquanto no Norte 2 milhões de pessoas gozam de autonomia, no Sul meio milhão de *khmers* sofrem política de vietnamização forçada. Quase um milhão de *montagnards* do centro do Vietnã veem suas terras entregues aos refugiados do Norte, em projeto de colonização que desagrada a ambos. Em face disso, as minorias nacionais do Sul irão apoiar o Viet Minh. Parte da intelectualidade é obrigada a exilar-se em Paris, em virtude da repressão e da censura.

A pequena-burguesia, majoritariamente chinesa, e as minorias religiosas, que haviam apoiado os franceses, são perseguidas. Também esses grupos irão se opor ao regime de Diem. Sintomaticamente a imprensa dos Estados Unidos, um dos "pilares da liberdade no Ocidente", silencia por completo sobre o massacre de camponeses e militantes do Viet Minh. Nenhuma palavra sobre os imensos campos de prisioneiros, torturas, mutilações e cegueira provocadas em milhares de pessoas. Em março de 1959, Diem lança grande ofensiva contra o campo, onde a resistência começa a estruturar-se local e espontaneamente.

Após os massacres, passam a ocorrer ataques a informantes (então é o governo que fica "cego"). Depois são os atentados a latifundiários, funcionários e até policiais. Em 1960, 10 mil deles estavam refugiados em Saigon. O governo lança maciços ataques aéreos contra as bases do Viet Minh, localizadas a apenas 10 quilômetros de Saigon. As seitas religioso-militares Hoa Hao e Cao Dai, mesmo enfraquecidas pela repressão, desencadeiam a resistência no delta e nos seringais. Também em partes do centro do Vietnã a luta é desencadeada, embora sem contatos com o Norte. Le Duan, que voltara clandestinamente ao Norte, faz um relato da situação e pede, em nome dos militantes do Sul, o início da resistência armada organizada. Em maio de 1959, o Partido dos Trabalhadores do Vietnã (Lao Dong) decide apoiar a luta no Sul. Mas o apoio é modesto até a escalada norte-americana.

Transformações socialistas no Norte

O contexto internacional em que se realizam os Acordos de Genebra e a divisão "temporária" do Vietnã é marcado pelo arrefecimento da Guerra Fria. Em 1953, ocorre a morte de Stalin, e a assinatura do Armistício de Panmunjom encerra a Guerra da Coreia (embora o próprio líder soviético já houvesse encaminhado a *détente* e o cessar-fogo coreano tivesse ocorrido em 1951). A Conferência Afro-Asiática de Bandung (1955) abre caminho à tendência neutralista e não alinhada nas relações internacionais ao dotar os países recém-descolonizados de expressão política. O XX Congresso do PC da União Soviética (1956) inicia uma série de reformas internas rumo à desestalinização, com repercussões nas democracias populares do Leste Europeu (revolta na Hungria e manifestações na Polônia), o que requer um contexto diplomático menos tenso.

A República Popular da China também se esforça para obter acomodação internacional após o armistício coreano, pois inicia a industrialização com auxílio soviético no I Plano Quinquenal (1953-1957). Dessa forma, União Soviética e República Popular da China defendem a coexistência pacífica com os Estados Unidos, cujo preço para a redução da pressão militar e econômica contra os Estados socialistas é uma acomodação dos processos revolucionários no Terceiro Mundo. Moscou e Beijing (Pequim), como a RDV, lutam pela aplicação dos Acordos de Genebra. Mas, mesmo quando os norte-americanos frustram as eleições e a unificação do Vietnã, soviéticos e chineses insistem para que Ho seja moderado e aceite a divisão temporária do país, cingindo-se à luta jurídico-diplomática. Aos chineses, agrada uma solução tipo Coreia, com a criação de um Estado-tampão amigo que os preserve de um contato direto com o imperialismo norte-americano.

Entre 1949 e 1953, a China fornecera grande ajuda material ao Viet Minh, mas no fim da década de 1950 Chu em-Lai chega a propor a abertura de uma embaixada do governo de Diem em Beijing (obviamente este recusou). Os soviéticos propõem, por seu turno, o ingresso dos dois Vietnãs na Organização das Nações Unidas (ONU), ainda que apoiassem a RDV e denunciassem o não cumprimento dos Acordos de Genebra. É óbvia a intenção de manter a *détente* com os norte-americanos (em 1956, Moscou e Washington aliaram-se contra a agressão anglo-franco-israelense contra o Egito de Nasser).

Contudo, mais do que um desinteresse soviético pelos revolucionários vietnamitas, trata-se da dialética da Guerra Fria (as transformações sociais no mundo não seguem um caminho linear e constante). Era preciso evitar outra guerra como a da Coreia em um momento em que o mundo colonial marchava para a independência e impedir uma intervenção direta dos Estados Unidos no Vietnã. Foi esse o fator externo que impediu Ho Chi Minh de reagir à repressão de Diem no Sul. Mas há os problemas internos norte-vietnamitas, como a reforma agrária.

Visando à reconstrução econômica e à criação de condições para a industrialização, o Partido dos Trabalhadores iniciou a reforma agrária na RDV, favorecendo os trabalhadores rurais e os camponeses sem terra. Foram distribuídos 800 mil hectares a 2,2 milhões de famílias (72% da população rural). Mas a reforma agrária foi implementada de forma inadequada: a fixação exagerada no modelo chinês, o despreparo de muitos quadros partidários que interpretavam as normas de forma dogmática e a injusta condenação de muitos proprietários que haviam lutado contra os franceses foram alguns dos erros cometidos, que conduziram ao descontentamento dos camponeses de várias regiões (houve mesmo uma revolta contra as autoridades da província de Nghe-An, que foi reprimida).

Isso levou a que o partido fizesse uma autocrítica pública em 1957 e retificasse a linha da reforma agrária. Muitos quadros foram punidos ou transferidos de cargo, como o próprio secretário-geral do Lao Dong. Partiu-se para formas limitadas de trabalhos cooperativos (nas colheitas). Depois, implantaram-se formas inferiores de cooperativismo (exploração e gestão coletivas, mas com manutenção da propriedade privada). Só em 1959 foram criadas as cooperativas socialistas (terra e instrumentos de trabalho tornam-se comuns). O Estado investiu maciçamente em trabalhos hidráulicos: canais, represas, drenagens e irrigação ampliaram a área cultivada (melhoradas pela adubação), eliminaram as devastações causadas pelas enchentes e a penetração de água salgada nos arrozais do delta durante a seca.

Desenvolveu-se paralelamente a criação de peixes para melhorar a dieta alimentar da população e a introdução de culturas industriais (juta, algodão, cana, chá). Em 1961, a RDV lançou o I Plano Quinquenal, criando as primeiras indústrias ligeiras (têxteis, chá, papel, madeira, açúcar e conservas) e pesadas (construção mecânica, superfosfatos, cimento, fundição, centrais elétricas e mineração de carvão e estanho) com a ajuda de países socialistas. O Plano não foi completado em virtude da escalada norte-americana. Além disso, a industrialização iniciada não mudou o perfil do país, que continuou fundamentalmente agrário. Mas permitiu a produção de artigos que poderiam ser comprados pelos camponeses e levou a um incremento da produção agrícola e à criação de um mercado nacional, base para a consolidação da própria nação. Também se reforçavam com a industrialização a autonomia e a capacidade de defesa do país.

Entretanto, o fenômeno que mais chamou atenção nesse período foi a revolução médico-sanitária e educacional. Foram formados médicos e enfermeiros em grande número, com o apoio dos países socialistas. Médicos, parteiras, enfermeiros e médicos-auxiliares foram deslocados para cada aldeia. O trabalho iniciou-se pela profilaxia, com medidas simples e engenhosas de saneamento e também com a vacinação. Os casos de varíola, poliomielite, impaludismo e febre tifoide tornaram-se raros. O trabalho de alfabetização, iniciado durante a resistência, foi intensificado. A alfabetização dos adultos foi concluída nos primeiros anos de poder revolucionário.

As condições rudimentares não impediram que um bom ensino fosse ministrado aos jovens por professores prestigiados pela valorização confuciana dos letrados: um ensino na língua nacional própria (até mesmo para as minorias, algumas das quais ganharam escrita e gramática), adaptada às condições e necessidades do país. Gérard Chaliand observa sobre a RDV:

> Que país subdesenvolvido pode gabar-se de ter em cada aldeia uma escola e um posto sanitário com seu médico-auxiliar? De ter, em nível distrital, escolas de segundo ciclo e hospitais corretamente equipados; de ter, enfim, em nível provincial, escolas de terceiro ciclo e hospitais em que se podem realizar intervenções complexas?

Em 1936, o famoso geógrafo francês Pierre Gourou estudara os camponeses do delta do rio Vermelho e concluíra que, com uma densidade de quatrocentas pessoas por km², o solo atingira seu limite produtivo, e a população estava condenada à miséria. Trinta anos depois, com densidade duas vezes maior e a superfície cultivada aumentando apenas 25%, a produção cresceu a ponto de aumentar o consumo alimentar *per capita* em 13%. Entretanto, o vertiginoso crescimento anual de 4% ao ano da produção agrícola era quase todo absorvido pelo alto crescimento demográfico.

É importante mencionar ainda que a RDV de 1954 tinha organização jurídico-política de democracia popular (contando com a existência de grupos políticos não integrados ao governo), ao passo que a RDV de 1945 estava estruturada nos moldes de uma democracia liberal-burguesa. A construção de um Estado revolucionário no Norte mostrava o fruto de um longo trabalho iniciado na década de 1920, de transição sem conflitos do confucionismo ao marxismo. Por último, entre as realizações positivas do novo regime, encontrava-se uma bem-sucedida política de emancipação da mulher e a ausência quase completa de corrupção, o que surpreendia os observadores que viajavam pelas jovens nações afro-asiáticas.

A Guerra Civil e o envolvimento norte-americano

Em 1960, a situação do governo de Saigon não é das melhores. No mês de novembro fracassa um golpe do Exército contra o presidente Diem, sintoma do descontentamento dos militares pela incapacidade do regime em impedir o alastramento da insurreição. Diem, preocupando-se mais com os possíveis rivais *dentro do poder*, passa a promover os generais por fidelidade política a seu clã. Os Estados Unidos começam a pensar em uma intervenção direta. Aproveitando-se do clima de descontentamento generalizado, a resistência cria em dezembro a Frente Nacional de Libertação do Vietnã do Sul (FNL), que a propaganda de Washington e Saigon denominará pejorativamente *Vietcong* (literalmente, comunistas vietnamitas).

Não obstante, a FNL era uma frente política mais ampla que o Viet Minh. Era integrada pelo Partido Democrático liderado por Huynh Tan Phat, pelo Partido Socialista Radical de Nguyen Van Hien, pelo Partido Popular Revolucionário ou Vo Chi Cong (comunista, equivalente ao Partido dos Trabalhadores), pelos Movimentos da Paz do Vietnã do Sul (organizados em 1954 visando à efetivação dos Acordos de Genebra), pelo Movimento dos Khmers do Nam Bo (Cochinchina), pelos sobreviventes do Binh Xuyên, Cao Dai e Hoa Hao, movimentos budistas, pela Associação dos Militantes pela Paz (integrada por dissidentes do Exército sul-vietnamita) e, depois da queda de Diem, até por alguns grupos católicos.

A plataforma política da FNL era a derrubada da ditadura neocolonial de Diem e o estabelecimento de um governo de coalizão democrática e nacional. Três seções de propaganda específica da Frente foram criadas para os camponeses, intelectuais de Saigon e para o Exército sul-vietnamita, visando fomentar as deserções e a sabotagem interna. A FNL, aproveitando as estruturas organizadas pelo Viet Minh, estabeleceu uma administração paralela nas áreas libertadas e também à noite nas aldeias que durante o dia eram ocupadas por Diem.

Uma eficiente organização secreta é estabelecida em Saigon e nas áreas controladas pelo governo. São criadas as

Forças Armadas de Libertação, contando com três níveis: as *milícias locais*, mais numerosas e pouco armadas, em tempo parcial, que guardam as aldeias das áreas libertadas; as *tropas regionais*, menos numerosas, porém mais bem aparelhadas, que atuam nas províncias; e as *tropas regulares*, mais bem treinadas, mais politizadas que atuam em tempo integral, nacionalmente (os assessores norte-americanos os chamam de "capacetes duros").

Os comunistas pouco aparecem politicamente na FNL, mas controlam as Forças Armadas e se fortalecem progressivamente. Entretanto, a Frente valoriza primeiro os fatores político-culturais, ao contrário dos norte-americanos, que priorizam os aspectos militares do conflito. Comparando-se o Viet Minh com a FNL, observa-se que a antiga frente era mais rudimentar e combatia o colonialismo com um Estado rival, contra a estrutura existente. Já a nova frente procurava infiltrar o Estado e utilizá-lo para substituí-lo. Segundo um militante do Viet Minh, Pham Ngoc Thuam, "nos velhos tempos estávamos barrando as estradas para interceptar veículos. Eles (da FNL) preferem embarcar nos automóveis existentes".

Apesar de o governo possuir três vezes mais tropas, a FNL registra um crescimento contínuo. Entre 1960 e 1964, a área controlada pela guerrilha quadruplica (três províncias no início, e catorze em 1964, até mesmo ao lado de Saigon). O apoio popular aos vietcongs é inegável, pois lhes forneceram recrutas, informações, abrigo e mantimentos. A FNL representa a transformação social (defesa da reforma agrária) e a luta pela libertação nacional (o Vietnã do Norte é o Estado resultante da vitória sobre os franceses). Enquanto isso, o "Vietnã Livre" (o regime de Diem) é visto como herdeiro do Estado colonial francês e defensor dos feudais vietnamitas. A guerrilha apresenta-se como movimento de luta pela democracia e pela unificação dos dois Vietnãs, como fundamento da autodeterminação nacional. Assim, a ideologia e a ação política da FNL assumem a forma de um nacionalismo de consciência revolucionária.

A preocupação norte-americana com a deterioração da situação no Vietnã do Sul é reforçada pelo fracasso da operação da CIA contra a Revolução Cubana (invasão da Baía dos Porcos). Com a "perda" de Cuba, os Estados Unidos se convencem de que não basta auxiliar as forças de direita de cada país. Kennedy, McNamara (secretário de Defesa) e o general Taylor (comandante no Vietnã) decidem aplicar a estratégia da *contrainsurgência ou guerra especial*. *A Estratégia para a repressão da expansão comunista* utilizaria a chantagem nuclear como instrumento de pressão econômico-militar contra a União Soviética e a China Popular, para que estas reduzissem ao mínimo a ajuda aos revolucionários vietnamitas. O novo pensamento estratégico compunha-se de três fases: na primeira, seria mantida a ajuda aos regimes amigos, iniciada por Eisenhower (que ocorria desde a guerra franco-vietnamita); a segunda seria a contrainsurgência, caso a ajuda falhasse, em que seriam enviadas tropas norte-americanas e aumentada a ajuda; a terceira constituiria uma "guerra limitada" como a da Coreia, caso fracassasse a contrainsurgência (os Estados Unidos lutariam contra os revolucionários e um ou mais países socialistas).

A segunda fase iniciou-se em 1961, com o comunicado de Johnson-Diem, que aumentou a ajuda a Saigon e o número de assessores militares além do permitido pelos Acordos de Genebra. A *contrainsurgência*, ou *guerra* especial, baseava-se no emprego de armas convencionais em guerra local, com o uso dos computadores do Pentágono, que organizavam os meios da escalada até o limite atômico. Seriam empregadas forças locais, com a logística dos Estados Unidos e seu comando até o nível das operações táticas. O professor Stanley, assessorando o Pentágono, elaborou um plano de pacificação de dezoito meses...

A contrainsurgência no Vietnã do Sul constitui um ensaio para uso na América Latina (evitar "novas Cubas"). O Vietnã do Sul torna-se verdadeira linha de fogo para as novas armas antimovimentos de libertação. O uso de helicópteros corresponde à tática de "cerco vertical": o H21, o Hu 1A (com dezesseis foguetes e metralhadoras pesadas) e o Bell. Além disso, também se utilizam intensivamente os blindados anfíbios M 113, para combater os vietnamitas em seu ambiente natural. O problema de toda essa parafernália é que se baseia em uma lógica tecnicista que ignora completamente o fator humano, tanto em relação aos aliados quanto aos inimigos. As armas sofisticadas são operadas por sul-vietnamitas desmotivados.

Os especialistas norte-americanos também usaram a experiência britânica da Malásia, para "esvaziar o lago e apanhar o peixe", reagrupando os camponeses em *aldeias estratégicas*, para privar a guerrilha de apoio. A análise tipicamente funcionalista da questão levou-os a ignorar o fundamental e fixar-se se na *forma* do sucesso britânico: 300 mil soldados ingleses e coloniais levaram catorze anos para liquidar 10 mil guerrilheiros de origem chinesa, em meio rural totalmente malaio. Ou seja, ao contrário da Malásia, a população das aldeias estratégicas era simpática à FNL. Os camponeses, levados à força, revoltavam-se na primeira oportunidade, e as aldeias tornavam-se bases da guerrilha ou eram incendiadas e tinham suas armas capturadas. A experiência foi progressivamente abandonada após a queda de Diem.

Paralelamente, nas áreas controladas pela FNL, tudo que se movia era considerado alvo inimigo pelos soldados norte-americanos e saigoneses, que estavam autorizados a saquear os camponeses e queimavam tudo nas aldeias (até as árvores frutíferas). Nos locais no que as tropas não podiam chegar, era usado *napalm* (bomba incendiária de gasolina gelatinosa) e produtos químicos para envenenar as colheitas. Ao lado do genocídio das populações, os guerrilheiros capturados eram mortos ou torturados. Tal política só fez intensificar a guerrilha e o apoio popular à FNL, que tratava os camponeses de acordo com a honra confuciana e eram vistos como autoridades legítimas, pois permitiam a eleição dos líderes de aldeia, ao contrário dos funcionários de fora, nomeados por Diem.

Em janeiro de 1963, 2 mil soldados sul-vietnamitas são derrotados por duzentos guerrilheiros no delta do Mekong, além de perderem vários helicópteros. Os norte-americanos inquietam-se, pois a política de Diem reforça a guerrilha. Em maio, um protesto budista em Hué, contra o favorecimento dos católicos e a discriminação da seita, é esmagado por tanques. Durante o verão, ocorrem novas manifestações em Saigon e outras cidades importantes, com a adesão de estudantes. A repressão causa novas mortes. A chamada crise budista chega ao auge no outono, quando o governo fecha o maior pagode de Saigon e prende dezenas de monges.

Os Estados Unidos ficam em posição difícil, segundo Richard Morrock, pois não podem apoiar um anticomunismo que reprime a religião, e protestam (mais uma prova do acerto da política da FNL). Ao lado do problema da má publicidade, os assessores norte-americanos preocupam-se mais com o descontentamento no Exército, majoritariamente budista. Em outubro, Diem traz para Saigon suas tropas de elite para combater focos de revolta budista no Exército. A embaixada norte-americana ameaça cortar toda a ajuda se a "guarda pretoriana" do regime não voltar ao campo para combater a guerrilha. O recuo de Diem custa-lhe caro, pois dois dias após a saída de seus "SS"[1] ocorre um golpe militar apoiado pela CIA. Diem e Nhu são assassinados e uma junta militar assume o poder, enquanto a população dança nas ruas.

Entretanto, a situação é difícil para os Estados Unidos. O governo só controla Saigon, as capitais provinciais, as principais cidades e estradas, além de algumas aldeias estratégicas, enquanto 75% do país está nas mãos da FNL. Além disso, após a derrubada de Diem, sucedem-se 13 golpes de Estado em dois anos. O governo de Saigon encontra-se assentado sobre um vazio de poder. O regime de Diem estava de tal forma centralizado, que o desaparecimento de sua família deixou o Estado desestruturado.

Nenhum dos sucessivos generais consegue estabilizar a situação. A ofensiva da FNL, em fins de 1964, é irresistível e

---

[1] Alusão à tropa de elite nazista.

vários norte-americanos são mortos. Os Estados Unidos começam a usar desfolhantes para criar um vazio vegetal (o senador Goldwater propõe a destruição das florestas com bombas atômicas) e decidem estender a guerra ao norte do paralelo 17, pondo em execução o plano de Walter W. Rostow (o mesmo que ensinava aos economistas do Terceiro Mundo as etapas a seguir para o desenvolvimento). No dia 2 de agosto de 1964, o destroier *Maddox* entra em águas territoriais da RDV e troca tiros com duas lanchas vietnamitas. A provocação, tantas vezes usada contra outros países, destina-se a testar e preparar a opinião pública dos Estados Unidos para o desencadeamento da terceira etapa, ou guerra limitada.

Diante da instabilidade da política interna, dos avanços da guerrilha e das crescentes deserções do Exército de Saigon, Johnson decidiu desencadear a escalada para evitar a derrota. O pretexto foi apresentado pelo *White Paper: aggression from the north*, documento elaborado pelo Departamento de Estado: foram mostradas 173 armas de fabricação soviética, chinesa e tchecoslovaca, apreendidas de 15 mil vietcongs mortos em dois anos! A estatística cômica "provou" que a causa da derrota de Saigon encontrava-se no Norte...

Em fevereiro de 1965, cinquenta caça-bombardeiros dos Estados Unidos bombardeiam o Vietnã do Norte, desencadeando a operação *Rolling Thunder*. Simultaneamente, os marines desembarcam em Da Nang, escoltados por tanques e sobrevoados por helicópteros, com o "cenário" iluminado por poderosos holofotes, em encenação que lembra as megaproduções cinematográficas de Hollywood e destina-se a impressionar os camponeses de um pequeno país e a imprensa mundial. Uma nova fase de guerra se inicia, e os Estados Unidos equivocavam-se ao crer em sua própria propaganda, acreditando que a guerrilha no Sul poderia ser derrotada pelo bombardeio do Norte.

No Laos, os Acordos de Genebra não conseguiram evitar a continuidade do conflito entre o governo e o Pathet Lao. O cerne da divergência vinculava-se às eleições previstas pelos

Acordos. As conversações de Vientiane levaram à participação do Pathet Lao no governo e à realização de eleições em maio de 1958. A vitória das forças de esquerda na eleição permitiu a formação de um governo de coalizão de centro-esquerda, com o neutralista Suvana Fuma como primeiro-ministro e com Suvanavong como ministro do Planejamento.

A reação norte-americana foi imediata, com pressões econômicas, militares e diplomáticas, levando à queda do governo e sua substituição por um gabinete conservador (em que o general Fumi Nosayan e o príncipe Bun Um eram as eminências pardas), apoiado pelos Estados Unidos e pela ditadura tailandesa. O Pathet Lao voltou à luta armada, apoiado pelos neutralistas, desencadeando-se violenta guerra civil. Em 1961, a guerrilha controlava a metade leste do país. Por mediação da Grã-Bretanha e da União Soviética, formou-se em 1962 um novo governo de União Nacional, integrado pelas três forças políticas do país, que se manteve até o incremento da intervenção norte--americana em 1964-1965.

No Camboja a situação era outra. O governa Sihanuk, embora apoiado em forças tradicionais, gozava de legitimidade popular. No plano internacional, sua linha neutralista valia-lhe o reconhecimento até dos países socialistas. A manutenção do país à margem do conflito indochinês e a hábil encampação dos princípios nacionalistas davam ao regime um suporte adicional. Assim, o Partido Popular Revolucionário Khmer (fundado em 1951 quando da dissolução do PCI) e a Frente Khmer Issarak ocupavam lugar secundário na luta política local, e seus focos de guerrilha nunca conseguiram ameaçar o regime de Sihanuk. Em 1960, o Partido adotou o nome de Partido Comunista do Kampuchea e recebeu afluxo crescente de militantes vindos do exílio no Ocidente, sobretudo de Paris. Estes ocuparam o lugar dos antigos militantes, que sofreram baixas enormes nos anos anteriores. Pol Pot e Ieng Sary eram os elementos mais típicos da nova geração.

4. A GUERRA DE LIBERTAÇÃO NACIONAL (1965-1975)

A escalada norte-americana altera as bases da guerra. A maior potência militar, econômica e tecnológica do planeta confronta-se diretamente com o povo de um pequeno país subdesenvolvido (ainda que apoiado pelos países socialistas). Uma década de grandes transformações no mundo, uma década de violência total contra a população vietnamita, década de uma guerra desigual, mas que terminará com a derrota do mais forte. Uma guerra revolucionária, com profundas repercussões políticas, e um evento que simboliza a nova realidade internacional. Uma guerra com um significado tão importante que, mal terminada, começa a ser abafada pelo silêncio ou, quando tal não é possível, deturpada pela astúcia de políticos, historiadores, jornalistas, romancistas e cineastas.

A ESTRATÉGIA DA CONTRAINSURGÊNCIA (1965-1968)

Os norte-americanos jogaram no Vietnã meios de destruição poderosíssimos. Os GIs (soldados norte-americanos), que em 1965 somavam 25 mil no país, atingiram 600 mil em 1968. A 1ª Divisão de Cavalaria Aerotransportada tinha 15 mil soldados de elite e quinhentos helicópteros ultramodernos. Para ela, foi construído o maior heliporto do mundo, An Khe, com 5 quilômetros de largura por 7 quilômetros de extensão. Os superbombardeiros B-52 foram instalados em várias bases do Vietnã do Sul e da Tailândia, além de outros tipos de aparelhos no porta-aviões da 7ª frota e no Laos. Além disso, o Exército e as milícias do governo de Saigon atingiram um milhão de efetivos bem armados pelos Estados Unidos.

São enviados 60 mil soldados sul-coreanos, filipinos, australianos e neozelandeses a regiões específicas. Os sul-coreanos, em particular, serão responsáveis por crueldades inenarráveis em sua área de atuação. Com esses meios, a máquina de guerra norte-americana espera cumprir a promessa do general Curtis Lemay em maio de 1964: "Digam aos vietnamitas para colocarem o rabo entre as pernas ou nós vamos lançá-los na Idade da Pedra" (uma frase típica do "refinamento" norte-americano). Efetivamente, não podendo matar todos os soldados inimigos, não hesitariam em eliminar o povo que os apoiava, e sendo esta uma tarefa difícil, chegariam a ponto de destruir a própria natureza da qual estes viviam.

Em julho de 1966, o brigadeiro Nguyen Cao Ky assume o poder e estabiliza a situação política com apoio norte-americano. Em outubro de 1967, é substituído pelo general Nguyen Van Thieu, que proclama a Segunda República do Vietnã. Entretanto, todas as tentativas de criar guerrilhas no Norte, pela infiltração de comandos sul-vietnamitas, fracassam. Os Estados Unidos descobrem na prática que uma guerrilha não pode ser criada exclusivamente de fora.

O objetivo norte-americano é o de uma guerra clássica geograficamente limitada (como as do século XVIII); embora devesse ser rápida e intensa, não poderia ameaçar o equilíbrio internacional nem causar problemas internos. Além dos objetivos geopolíticos de Washington na Ásia e do "combate ao comunismo", a guerra visava a neutralizar as revoluções do Terceiro Mundo, reforçar a hegemonia norte-americana sobre seus próprios aliados (que começavam a se preocupar mais com os negócios que com a Guerra Fria), além de dar vazão à indústria armamentista e estimular a economia dos Estados Unidos.

O uso de grandes meios para a consecução de objetivos limitados contrastava com a política francesa da Primeira Guerra da Indochina, em que se dispunham de meios limitados para um objetivo mais amplo. Apesar das vantagens norte-americanas, a situação produzia seus próprios limites. A presença norte-americana desmoralizava o governo de Saigon, tal como o de Bao Dai o fora pelos franceses. Além disso, o prolongamento da guerra obrigava os Estados Unidos a um envolvimento cada vez mais arriscado. Em contrapartida, o fato de não haver soldados soviéticos ou chineses auxiliando a RDV reforçava a legitimidade internacional de Hanói como nação agredida, além de reforçar a causa nacional no plano doméstico.

O grande poder de fogo das Forças Armadas norte-americanas sobre um território exíguo como o do Vietnã criava problemas novos. A estratégia revolucionária teria de ser diferente da empregada pelos chineses, adaptada pelos próprios vietnamitas contra os franceses, que, apesar da superioridade numérica e material sobre o Viet Minh, estava longe da assimetria do poder norte-americano contra a FNL. Além disso, o espaço de luta era menor, abarcando de início apenas o Sul e parte do Laos, zonas pouco povoadas, ao contrário da guerra franco-indochinesa, teve seu principal teatro de operações no Norte, mas que abarcava toda a Indochina.

Além disso, houve um fenômeno de urbanização forçada no Sul, em virtude da expulsão, dos bombardeios ou do próprio combate nas zonas rurais. A cidade de Saigon passou de 500 mil habitantes no início da intervenção americana para 4 milhões na época da unificação. A "cidade das cem mil prostitutas" era assim caracterizada pelo *Time*: "A melhor maneira de ganharmos esta guerra seria convidar Ho Chi Minh para visitar a cidade. Depois de uma rápida olhada e cheirada, ele declararia: 'Nós não queremos nenhum pedaço disto!'". Em contrapartida, os constantes bombardeios às indústrias e aos transportes no Norte obrigaram a RDV a descentralizar as fábricas, enviar parte da população das cidades (sobretudo velhos e crianças) para o campo, distribuir armas para a população reagir aos ataques aéreos e organizar uma economia de guerra.

Vo Nguyen Giap e os outros membros do comando estratégico revolucionário decidiram desencadear a *guerra total do povo inteiro*, mobilizando toda a população no esforço militar e produtivo. Mas Giap sabia que isso não era suficiente, pois precisava de uma organização técnico-científica (segundo Giap, parafraseando Marx, isso correspondia à "passagem do artesanato à mecanização no combate"). Formaram-se tropas de elite fortes, com preparo técnico e organização moderna (os "capacetes duros" já mencionados). A modernização das tropas foi possível graças ao auxílio dos países socialistas. Em 1961, a FNL ainda contava com armamento antiquado. Os guerrilheiros tiveram de aprender a técnica do inimigo e adaptá-la à guerra popular, para tornar eficaz o uso das armas modernas soviéticas, chinesas e tchecoslovacas que passaram a receber: fuzis AK-47, lança-foguetes portáteis de 109, 122 e 140 milímetros (com precisão de 9 a 14 quilômetros) e os tanques PT76 e T34.

A tática de guerra popular concentrava-se nos ataques à retaguarda inimiga, fazendo com que a frente de combate se encontrasse em todos os lugares, nas montanhas, nos deltas e nas cidades. Pequenas unidades móveis com morteiros e foguetes, além de armas leves, atacavam os postos do inimigo incessantemente. Só assim era possível empregar "poucos contra muitos", isto é, ataques com efetivos limitados a pontos estratégicos. Tratava-se de uma guerra prolongada com economia máxima de forças, apoiando-se nas "três retaguardas": as montanhas no Sul, a RDV no Norte e os países socialistas. Na verdade, a estratégia baseava-se no desgaste psicológico das tropas do adversário: a Infantaria norte-americana já havia mostrado suas limitações na Segunda Guerra Mundial.[1] A longa "guerra suja" destruiria o moral e a combatividade do Exército norte-americano.

O Vietnã do Norte desenvolveu uma DCA (artilharia antiaérea) eficaz para proteger as indústrias maiores que não puderam ser transferidas do eixo Hanói-Haiphong, e, quando os bombardeios norte-americanos ultrapassaram determinado limite "politicamente tolerável", a União Soviética forneceu-lhe

---

[1] O Exército terrestre dos Estados Unidos, burocrático e integrado especialmente por minorias étnicas ("buchas de canhão"), sempre dependeu de apoio aéreo e superioridade de meios para lutar de modo satisfatório, revelando desempenho limitado, ao contrário da Marinha e da Força Aérea.

mísseis SAM terra-ar e alguns caças MIG modernos. Mas a eficácia da DCA também repousava nas milícias populares que agrupavam quase todos os homens e mulheres adultos instruídos a atirar nos jatos com qualquer arma. Um dos objetivos de qualquer bombardeio é o terror, e a população norte-vietnamita reagiu a ele sem medo, o que deixou os estrategistas norte-americanos perplexos: em vez de fugir como ovelhas amedrontadas, o povo revidava com armas leves e derrubava vários aviões.

Além disso, o meio físico vietnamita era um inferno para os GIs, imbuídos de um conceito de guerra convencional: água, lodo, florestas, insetos e guerrilheiros formavam uma combinação problemática aos corpulentos comedores de hambúrguer da América do Norte. As *booby traps* (armadilhas para bobos), feitas com meios rudimentares como cartuchos, granadas e estacas pontiagudas de bambu, constituíam também um pesadelo para os soldados norte-americanos. Muitos helicópteros explodiam ao descer sobre ou passar perto de estacas camufladas, com granadas nas pontas. As minas e armadilhas foram responsáveis por 21% de feridos (contra 3% na Segunda Guerra Mundial e 4% na da Coreia).

A tática das "trincheiras que marcham" criava uma confusão particular para os GIs, pois as aldeias eram repletas de túneis defensivos e ofensivos, por onde os vietcongs desapareciam quando cercados e reapareciam atacando-os pela retaguarda. A Zona C, ao lado de Saigon, com seus imensos túneis, foi batizada jocosamente de "metrô de Nova York do Vietcong". A linha McNamara, barreira defensiva norte-americana na fronteira do paralelo 17, praticamente não tinha utilidade. As zonas desconhecidas dos desatualizados mapas estavam repletas de hospitais, oficinas, depósitos, campos de instrução da guerrilha e sediavam os comandos regionais da FNL. Era o fracasso da guerra convencional, ainda que a aviação e a artilharia dos navios da 7ª frota pudessem explodir qualquer ponto do país.

Em 11 de maio de 1967, a guerrilha bombardeou a imensa base aérea de Bien Hoa. Durante semanas, os guerrilheiros haviam-se infiltrado entre os camponeses da região e, à noite, construíram buracos em volta de todo o perímetro defensivo da base, onde se ocultava um homem com seu morteiro. Na hora determinada, atiraram simultaneamente, de todas direções, destruindo 27 aviões que custavam milhões de dólares em alguns segundos, sem uma única baixa. Era impossível alargar mais o perímetro defensivo da base, já que os morteiros tinham previsão de vários quilômetros.

Assim, em 1967, o comando estadunidense abandona a estratégia *Search and destroy* (procurar e destruir) e adota a *clear and hold* (limpar e ocupar). Na estação seca, época em que desencadeavam suas ofensivas, os norte-americanos lança um ataque maciço em com o Exército sul-vietnamita contra o "triângulo de ferro" da Zona C, ao lado de Saigon (uma área ocupada pela FNL desde sua fundação). Para aliviar a pressão sobre a área, a FNL do Vietnã do Sul ataca em Quang Tri e cerca tropas saigonesas e GIs em Khe Shan, próximo ao paralelo 17. Os norte-americanos são obrigados a retirar tropas da Zona C e enviá-las ao Norte. O prolongado cerco começa a preocupar Westmoreland, o novo comandante norte-americano, que lança sucessivas e infrutíferas operações contra os sitiantes.

A luta em torno de Khe Shan domina a atenção norte-americana quando, de modo inesperado, a Frente Nacional de Libertação do Vietnã do Sul desencadeia a *Ofensiva do Tet* (ano-novo lunar) em 1º de fevereiro de 1968. Todas as cidades do Vietnã do Sul e as maiores bases norte-americanas são atacadas simultaneamente pela guerrilha. Em Saigon, os comandos guerrilheiros penetram nos jardins da embaixada dos Estados Unidos, além de dominar a maior parte da cidade, atacar o palácio presidencial e o alto-comando norte-americano. As forças dos Estados Unidos reconquistam as cidades a ferro e fogo, arrasando tudo. Em Hué, são necessários 25 dias de combate para expulsar os vietcongs.

Durante a ofensiva do Tet, a FNL sofre mais de 20 mil baixas. Os porta-vozes das Forças Armadas, ainda marcados pelo pânico, exibem milhares de cadáveres e falam da derrota da resistência. E, efetivamente, a gigantesca ofensiva da guerrilha apresentava como derrota tática no plano militar. Mas até que ponto os objetivos da FNL haviam sido derrotados? Há quem indique a influência da estratégia soviética, que teria sido um erro a FNL travar uma batalha clássica, mesmo com tanques, onde o inimigo é mais forte.

Sem embargo, a Ofensiva do Tet representou a virada da guerra. A vitória tática não consolou os norte-americanos, que não ignoravam sua derrota estratégica (em referência aos militares e políticos mais lúcidos). Durante anos, os Estados Unidos apregoaram a fraqueza da guerrilha, "uma minoria radical sem base popular e capacidade militar". Um jornalista norte-americano deu-se ao trabalho de somar todas as baixas da guerrilha anunciadas nos comunicados da imprensa: pelos números que levantou, um número equivalente a toda a população do Vietnã já havia morrido...

Então, de repente, a FNL mostrava que não havia um único local seguro no Vietnã do Sul e que podia atacar todo o país simultaneamente, com uma precisão cronométrica. Isso quando os protestos contra a guerra começaram a crescer nos Estados Unidos. Não se tratava apenas de pacifistas, jovens convocados e suas famílias, mas também de políticos preocupados com o desperdício de recursos sem resultados palpáveis, em momento em que a economia norte-americana começava a apresentar sinais de fadiga. É verdade que as baixas sofridas enfraqueceram militarmente a FNL por um longo tempo. Mas as repercussões internacionais da ofensiva constituíram grande vitória política para os revolucionários vietnamitas. As incertezas, vacilações e divergências internas do lado norte-americano acentuaram-se. O moral das tropas caiu a níveis críticos. A própria política interna dos Estados Unidos foi afetada. "O elefante começa a sangrar", deve ter pensado Ho Chi Minh...

Do impasse militar à vietnamização do conflito (1968-1973)

O período que se segue à Ofensiva do Tet evidencia a derrota estratégica dos Estados Unidos na batalha. Além disso, as revoltas estudantis e algumas manifestações operárias ocorridas em 1968 em vários países, inclusive nos Estados Unidos, somadas ao grande ataque da FNL, deixam perplexas e temerosas as forças conservadoras mundiais. Além disso, degrada-se a situação econômica norte-americana em razão das excessivas despesas com a guerra, que começam a desgastar o orçamento. Nesse contexto, os norte-americanos são obrigados a iniciar conversações em Paris três meses depois.

Washington elabora uma versão retocada da "guerra especial", visando retirar os GIs e reforçar o exército do general Van Thieu, mantendo o aparato tecnológico do Pentágono e utilizando intensivamente novas "maravilhas eletrônicas" para poupar a vida dos soldados dos Estados Unidos que permanecessem. Seria intensificada a política de "pacificação", reforçando-se os métodos policialescos, ao passo que as negociações procurariam uma saída honrosa. Em abril, Westmoreland é substituído pelo general Abrams, que planeja usar ao máximo a infantaria motorizada em grupos móveis, entrincheirando-as em fortes quando necessário.

Em 1969, Richard Nixon é eleito, com uma política de vietnamização do conflito. A razão é a própria decomposição interna do Exército norte-americano. O moral dos GIs encontra-se baixíssimo e ocorrem alguns motins. O número de deserções cresce de forma alarmante. Em 1969, cerca de 30% dos soldados estão viciados em drogas, cifra que alcança 60% em 1971. O coronel *marine* R. Heinl escreve no *Armed Forces Journal*: "O que resta de nosso Exército no Vietnã encontra-se em fase próxima ao desmoramento. As unidades evitam ou recusam combater, assassinam oficiais e suboficiais; quando não se entregam aos motins, elas são abatidas pela droga e pelo desencorajamento". Acrescenta ainda em seu artigo que as Forças Armadas possuem 140 jornais clandestinos e catorze organizações pacifistas, sendo duas exclusivamente de oficiais.

Isso para não falar na sífilis e em outras doenças venéreas que atingem a maioria dos soldados. A ideia de vietnamização leva em conta o cálculo capitalista de que o GI não é rentável em termos de custo/eficácia. Retirando-os, é possível fornecer mais dinheiro a Saigon, além do que "um soldado amarelo é cinquenta vezes mais barato e seu cadáver não causa problemas" (conforme Boudarel). Em 1969, morre Ho Chi Minh, deixando seu *Testamento político*, em que defende o prosseguimento da luta até a vitória e conclama o movimento comunista internacional a reunificar-se. Em junho do mesmo ano, as forças políticas engajadas na FNL criam nas zonas libertadas o *Governo Revolucionário Provisório da República do Vietnã do Sul* (GRP), pois os acontecimentos estavam se acelerando e era necessário avançar no plano político. O GRP é reconhecido pelo Movimento dos Países Não Alinhados em 1972 como legítimo representante do povo sul-vietnamita.

Para compensar a desescalada, os Estados Unidos intensificam o uso de tecnologia. Uma barragem eletrônica vigia a Trilha de Ho Chi Minh no Laos (rota de suprimentos da RDV para a FNL no Sul), e nela são jogados minas e engenhos que detectam odores, ruídos, calor e vibrações. Os sinais são captados por aviões-robôs, que alertam as bases de B-52 na Tailândia, os quais imediatamente "desenrolam" um tapete de bombas sobre a área indicada. Em sete anos, 7,5 milhões de toneladas de bombas são despejadas sobre a Indochina (duas vezes o que os Estados Unidos usaram em toda a Segunda Guerra Mundial e 11 vezes o que foi usado na Coreia). Os militares norte-americanos denominam sua façanha de "craterização". Entretanto, a maior parte da eficácia dos engenhos eletrônicos foi neutralizada pelos guerrilheiros e pela população por meios rudimentares.

As brutalidades cometidas pelos norte-americanos e pelas tropas de Thieu intensificam-se. O coronel boina-verde Rheault tortura e executa sumariamente centenas de pessoas em Nha Thang. Em My Lay-Song Mi, tropas comandadas pelo tenente Calley massacram 567 pessoas, todos velhos, mulheres e crianças, em março de 1968 (em 1971 foi condenado a dez anos e libertado em um mês). Os *banhos de sangue* são amplamente documentados por observadores ocidentais e não envolvem apenas a tropa e a baixa oficialidade.

As Forças Armadas dos Estados Unidos nada ficam devendo aos crimes nazistas na Segunda Guerra Mundial. (O que se poderia esperar do país que teve a exclusividade de usar armas nucleares, além de tudo contra a população civil?) Organizações como os *Veteranos do Vietnã contra a Guerra* e o *Tribunal Bertrand Russell de Crimes de Guerra*, sediado em Estocolmo, investigam os crimes de guerra. Os Estados Unidos são acusados de genocídio pelo Tribunal. O impacto de todos esses acontecimentos é enorme na opinião pública norte-americana e mundial. A fuga de jovens para escapar ao serviço militar se intensifica, bem como as campanhas pacifistas. Em julho de 1971, são publicados os Dossiês Secretos do Pentágono, denunciando a "guerra suja" e atividades ilegais da CIA.

No plano militar, o comando norte-americano começa a desesperar-se por não conseguir equilibrar a situação nas montanhas, no delta ou mesmo em Saigon. Decidem então atacar os santuários da FNL no Laos e no Camboja. No Laos, a crescente intervenção norte-americana desde 1964-65 conduz à saída do Pathet Lao do governo e o reinício da guerrilha, que rapidamente volta a controlar a metade leste do país. Contra esta, os Estados Unidos armam o Exército Real, e a Tailândia envia 20 mil homens. Pela ineficácia dos generais direitistas (mais preocupados com as disputas internas de poder) e pela corrupção do Exército (que vendia ao Pathet Lao armas e mantimentos obtidas dos norte-americanos), o Pentágono intensifica os ataques aéreos à guerrilha e à trilha de Ho Chi Minh, enquanto a CIA organiza um exército clandestino composto das tribos meos e liderado por Van Pao.

No Camboja, os Estados Unidos começam a bombardear regiões do país para golpear bases da FNL desde 1965, o que leva o príncipe Sihanuk a afastar-se dos norte-americanos e estreitar seus vínculos com a RDV. Dentro do PC do Kampuchea o "grupo jovem" de Pol Pot e Ieng Sary consolida-se no poder, alijando os sobreviventes da velha guarda, e sofre influência crescente da Revolução Cultural Chinesa. Em 1970, a CIA articula com a direita cambojana o golpe que leva o general Lon

Nol ao poder, o qual proclama a República Khmer. Poucos meses depois as tropas norte-americanas entram no país.

Toda a extensão do conflito está, entretanto, voltada ao fracasso. A invasão do Camboja leva o deposto Sihanuk a apoiar a guerrilha dos Khmer Vermelhos, pela criação da Frente de Unidade do Kampuchea. A resistência ganha então o apoio da massa camponesa e avança a ponto de isolar Lon Nol e seus cortadores de cabeças em Pnom Penh e algumas poucas cidades, onde é sustentado pela aviação norte-americana. O Pathet Lao continua a ocupar mais da metade do Laos. O ataque de Van Thieu ao sul desse país para cortar a trilha de Ho Chi Minh é um fracasso quase completo, e suas tropas debandam de volta à fronteira com pesadas baixas, perdendo também muitos helicópteros e tanques. Além disso, no plano interno a farsa das eleições no Vietnã do Sul mais irrita a população do que legitima o regime (na realidade, as eleições se destinam ao plano internacional, para apresentar o regime de Saigon como uma democracia). A reeleição de Van Thieu, em 1971, desencadeia violentas manifestações estudantis em Saigon, em que dezenas de veículos são incendiados.

Tentando sair do atoleiro militar, Nixon decide desencadear uma ofensiva diplomática, visando a afastar a China Popular e a União Soviética da RDV. Em julho de 1971, Kissinger vai a Beijing e oferece perspectivas de resolução do problema de Taiwan em troca da pressão chinesa sobre o Vietnã do Norte para a aceitação das posições norte-americanas nas negociações. No início de 1972, o próprio Nixon vai a Beijing, onde aprofunda os vínculos com Mao Tsé-tung, e depois a Moscou, onde relembra a Brejnev o preço da *détente*. Com tal contexto diplomático desfavorável, a FNL reage para não perder politicamente o que havia obtido no campo de batalha. Em 30 de março de 1972, desencadeia uma ofensiva geral, infligindo violentas derrotas ao Exército de Saigon. Com a perspectiva de desintegração de seu aliado, os Estados Unidos reagem com força total, bombardeando com armas a laser tanto o Sul quanto o Norte. Em maio, Nixon bloqueia os portos da RDV com minas. O Exército sul-vietnamita é salvo *in extremis*.

Entretanto, o próprio presidente Nixon decide voltar a negociar, pela proximidade das eleições norte-americanas. Em outubro, Kissinger anuncia que "a paz está ao alcance da mão". Essas manobras visam apenas às eleições, pois McGovern, o candidato democrata, não impusera condições para a paz caso fosse eleito. Logo após vencer as eleições, Nixon provoca o impasse nas negociações e reinicia violentos ataques aéreos, no Natal, sobre Hanói-Haiphong. Durante quinze dias consecutivos, foram lançadas 100 mil toneladas de bombas (em potência total igual a cinco bombas atômicas de Hiroshima). Diante do terror aéreo, a União Soviética envia novos mísseis SAM aos vietnamitas. Em sete anos, os B-52 haviam realizado cem mil ações e perdido apenas um avião. Agora, em quinze dias, a DCA vietnamita, que se tornara das mais eficazes do mundo, abate 23 bombardeiros B-52 (que custavam 15 milhões de dólares cada um) e são capturados noventa pilotos.

Os custos econômico, político e militar obrigam Washington a interromper os bombardeios, em grande derrota que reforça a percepção do enfraquecimento norte-americano. Os protestos generaliza-se pelo mundo. O primeiro-ministro sueco Olof Palme critica o terror aéreo dos Estados Unidos por considerá-lo igual ao extermínio dos judeus pelos nazistas (por estas e por outras ações posteriores, Palme foi assassinado mais tarde). Nixon é obrigado a reiniciar as conversações de Paris, pois a crise econômica mundial e norte-americana se intensifica, além de gigantescos protestos pacifistas ocorrerem de costa a costa nos Estados Unidos.

A conjuntura é propícia para a RDV. Os soviéticos estimulam-na a avançar politicamente, mas o chanceler Andrei Gromiko recomenda que os Estados Unidos não devem ser tratados como vencidos, pois isso dificultaria a retirada norte-americana. Enquanto Moscou glorifica o Vietnã aos quatro ventos, aconselha-o a moderar suas reivindicações. Assim, em 27 de janeiro de 1973 são assinados os Acordos de Paris, prevendo o cessar-fogo imediato, a retirada dos soldados norte-americanos em sessenta dias, o reconhecimento da existência de duas administrações e dois exércitos no Vietnã do Sul (o de Saigon e o do Governo Revolucionário Provisório), a constituição de um governo de coalizão e a realização de eleições gerais no país. Os Acordos de Paris foram assinados por Estados Unidos, União Soviética, China Popular, Grã-Bretanha, França, República Democrática do Vietnã, República do Vietnã do Sul, Hungria, Indonésia, Canadá e Polônia, Governo Revolucionário Provisório do Vietnã do Sul, além dos membros da Comissão de Controle e Supervisão, força que fiscalizaria a aplicação dos acordos.

A retirada norte-americana do Vietnã do Sul repercute no Laos, enfraquecendo a direita. Assina-se um armistício e forma-se um governo de coalizão composto majoritariamente pelos neutralistas e pelo Pathet Lao. Os 20 mil tailandeses são expulsos, bem como os duzentos conselheiros norte-americanos. A luta praticamente cessa no país. No Camboja, a guerrilha mantém o cerco às reduzidas áreas controladas pelo governo, procurando dificultar o abastecimento delas (feito por via aérea e fluvial desde Saigon) e aguardar a definição dos acontecimentos no Vietnã do Sul.

Quanto aos Estados Unidos, sua atenção fixa-se na América Latina, onde, entre 1973 e 1976, Chile, Uruguai e Argentina tornam-se ditaduras militares pró-norte-americanas. O esmagamento da esquerda nesses países é percebido como um triunfo para Washington, mas apenas estreita seu domínio sobre sua própria área de influência no continente. Poucos percebiam o significado histórico da retirada norte-americana do Vietnã, que em 1975 emergiria com toda força.

Da retirada norte-americana à reunificação (1973-1975)

No prazo determinado, a bandeira norte-americana é arriada e as tropas retiram-se do país. Entretanto, os Estados Unidos reforçam o governo de Thieu. Seu exército possuía mais de um milhão de soldados, mais de 2 mil tanques e 2 mil aviões, o que fazia da Força Aérea de Saigon a terceira do mundo, em quantidade e qualidade (perdendo apenas para os Estados

Unidos e a União Soviética). Os assessores permanecem no país, embora a título "voluntário", organizando e comandando o Exército de Thieu. Também permaneceram muitos técnicos e pilotos em uniformes sul-vietnamitas. A 7ª Frota continuava no mar da China Meridional e as bases norte-americanas na Tailândia permaneciam ativas, ou seja, a volta dos bombardeios e dos *marines* era ainda uma possibilidade concreta. Assim como em 1954, logo após a assinatura dos acordos, ocorrem mútuas acusações de violação do cessar-fogo, mas, concretamente, o Exército sul-vietnamita reconquista várias áreas controladas nela FNL-GRP, que apenas se defendeu, enquanto clama pela aplicação dos acordos.

Todo esse poderio era, entretanto, bastante ilusório. O Estado neocolonial e a burguesia compradora do Vietnã do Sul estavam minados em suas bases. A economia do país quebrara-se sob o peso da ajuda norte-americana: o artesanato fora arruinado, a piastra encontrava-se completamente desvalorizada, a agricultura sofrera violenta regressão (o Sul passou de exportador a importador de alimentos) e os níveis de inflação eram insuportáveis. Formou-se uma nova elite que vivia da especulação de guerra e do tráfico (destruindo no Sul a tradição confuciana do letrado íntegro).

A prostituição, o tráfico de drogas, além da violência criminal tornam-se intensos com a urbanização forçada (a população urbana do Sul passa de 15% para 60%). Em Saigon, 4 milhões de habitantes exigem um aparato policial enorme para mantê-los reprimidos. A maioria dos camponeses que chegam à cidade se corrompe para poder sobreviver e adquire a mentalidade da sociedade de consumo, ainda que vivendo em favelas insalubres. De uma forma ou de outra, esses camponeses prestam serviço a toda uma elite que vive dos recursos desviados da ajuda norte-americana. Assim, a saída dos soldados estadunidenses deixa uma crise imensa, pois milhões de pessoas dependiam direta ou indiretamente deles oferecendo mil "serviços".

A FNL compreende que o destino dos Acordos de Paris será o mesmo dos de Genebra, caso permaneça inativa. Van

Thieu não liberta os presos políticos, não democratiza o país e prossegue sua ofensiva contra as áreas do GRP. Assim, em fins de 1973, o Partido dos Trabalhadores e a FNL decidem preparar a ofensiva decisiva. Trinta mil jovens da RDV trabalham na ampliação da trilha de Ho Chi Minh como preparação do ataque no Sul. A trilha passa a contar com 5 mil quilômetros de oleodutos camuflados e 20 mil quilômetros de estradas, inclusive na zona libertada. Enquanto isso, grandes questões afetam o plano diplomático.

Em 20 de janeiro de 1974, a República Popular da China ocupa as estratégicas ilhas Paracels com consentimento norte-americano, em meio aos protestos de Saigon. No verão do mesmo ano, eclode o escândalo Watergate, e Nixon é obrigado a renunciar à presidência. É o fiasco dos "falcões" e do homem dos *dirty tricks* (truques sujos). A consequência imediata é a queda da ajuda norte-americana de mais de um bilhão de dólares no exercício 1972-1973 para 700 milhões no exercício 1973-1974. O resultado é a estagnação do Exército sul-vietnamita, a redução de seu poder de fogo e a adoção de uma tática defensiva. A situação torna-se tão perigosa que o Vaticano resolve mudar de posição em 1974 e denuncia (pela JOC) a corrupção governamental.

É importante mencionar que tanto a publicação de documentos secretos do Pentágono quanto a denúncia da espionagem feita contra os democratas por assessores de Nixon, por escuta clandestina no prédio Watergate em Washington, não são obra de alguns "jornalistas corajosos em uma sociedade livre", e sim fruto de uma luta interna. Os documentos foram vazados e a espionagem denunciada porque eram uma arma política para poderosos adversários de Nixon. Também era importante o impacto desses fatos no nível da opinião pública norte-americana.

As revelações dos soldados que regressavam arrasaram com a crença na autoimagem de defensores da liberdade e na ideologia de liberdade de imprensa: a extensão dos crimes cometidos no Vietnã emergiu toda de uma só vez, bem como o desmascaramento da censura e a manipulação da imprensa durante mais de duas décadas. E o escândalo Watergate destruiu a confiança no próprio governo. Um povo inteiro entrava em profunda crise moral, que Carter procurará futuramente curar mediante uma política exterior demagógica de direitos humanos.

Diante da nova situação, o Lao Dong (Partido dos Trabalhadores) e a FNL decidiram libertar o Sul até 1976, mas com cautela, para testar a reação norte-americana, temendo nova intervenção. Pela primeira vez a guerrilha possuía superioridade político-militar. Em dezembro de 1974, toda a província de Phuoc Long foi ocupada e Saigon não reagiu. As bases norte-americanas entraram em alerta, mas nada fizeram. Era o sinal verde para desencadear a *Campanha de Ho Chi Minh*. Vo Nguyen Giap, Van Tien Zung e Dinh Due Thieu prepararam a ofensiva baseada na audácia, na surpresa, no segredo de movimentos e diversões visando a atrair o Exército de Thieu para o Norte do planalto, ao passo que a verdadeira ofensiva deveria ocorrer no Sul.

O alto-comando de Saigon espera um ataque às pequenas cidades e mantém poucas forças na região. Tropas do Exército da RDV e da FNL atacam no início de março de 1975 em Kontum e Pleiku, ao norte do planalto. Thieu morde a isca e envia reforços para a área, enquanto a guerrilha ataca Ban Mê Thuôt, ao sul do Anam (Giap e Zung utilizam a velha dialética oriental do "vazio e cheio"). As estradas são isoladas e a cidade, tomada. O contra-ataque de helicópteros é dizimado, mas a Força Aérea norte-americana na Tailândia não revida. Toda a província é ocupada, mas a FNL vacila e não explora as possibilidades da vitória aparentemente fácil. A marca dos velhos tempos é tal que os revolucionários irão demorar um pouco para se dar conta da debilidade do inimigo.

Quando no dia 17 de março Thieu ordena o recuo de todo o 2º Corpo de Exército do Planalto para o litoral, o comando revolucionário percebe o desespero do inimigo. A FNL corre e consegue cortar a retirada, cercar e destruir todo o corpo de exército na mesma noite. A estrada para o Norte é cortada e Hué é cercada e conquistada. As tropas do Exército sul-vietnamita rendem-se justamente no local onde noventa anos antes haviam desembarcado soldados franceses para dominar o centro do país. Quang Ngai é ocupada pelas próprias milícias populares locais. A cidade e a gigantesca base militar de Da Nang, no litoral, são cercadas. Tropas deslocadas e pessoas em pânico protagonizam cenas de histeria coletiva no aeroporto, onde um lugar em um avião era vendido a preços astronômicos. É o Vietnã "made in USA" que se desintegrava completamente. No dia 21 a guerrilha e os norte-vietnamitas ocupam a cidade e a base. Em Nha Trang, a população pede à FNL que apresse o avanço para a cidade, por causa do terror dos *rangers* (tropas de elite) sul-vietnamitas, que pilhavam e violentavam até as mulheres dos militares de unidades convencionais de seu exército.

Van Thieu ordena o recuo de suas tropas do litoral e forma uma primeira linha defensiva para a capital em Phan Rang. Seu objetivo é conter a ofensiva até a chegada das monções. O general norte-americano Weyand é otimista. Acredita que a FNL esgotou o ímpeto de sua ofensiva e necessita de um mínimo de dois meses para se recuperar. Agora o regime de Thieu ocupa apenas parte da Cochinchina (Nam Bo). Do lado do Movimento de Libertação, decide-se concluir a guerra antes da estação das chuvas. O 1º Corpo de Exército da RDV, que se encontrava consertando diques no Norte, percorre quase 2 mil quilômetros até o Sul, a maior parte a pé, entre 25 de março e 14 de abril, e apresenta-se na linha de combate.

Os mapas do Sul, capturados em uma instituição em Ban Mê Thôt, foram reproduzidos em Hanói e trazidos para o Sul de avião. O líder dos comunistas de Saigon, Nguyen Van Linh, apoiando-se em suas bases da periferia da cidade, preparou a frente interna para auxiliar na tomada da cidade com o mínimo de destruição possível. A FNL queria evitar combates de rua, pois a maioria da população era vítima passiva da caricatura do *american way of life*. Saigon possuía uma periferia fortificada, mas o centro encontrava-se praticamente desguarnecido. Foram fixados cinco objetivos prioritários na cidade: O Estado-maior Geral, o Palácio Presidencial, o Quartel-general da capital, a Prefeitura de Polícia e o aeródromo de Tan Son Nhut. Assim, segundo Georges Boudarel, "o longo Yenan terminaria em Petrogado".

Quando a ofensiva inicia-se, Phan Rang é conquistada, mas, em Xuan Loc, a 18ª Divisão do Exército sul-vietnamita e a 1ª Brigada de Paraquedistas resistem a três grandes investidas das tropas da FNL e da RDV. Finalmente, as fortificações são contornadas e o avanço para Saigon prossegue, enquanto no Camboja os *khmer* vermelhos conquistam Pnom Penh no dia 17 de abril, completando sua vitória contra o regime pró-norte-americano de Lon Nol. No dia 20 a Embaixada dos Estados Unidos em Saigon começa a queimar seus papéis e a evacuar seus 2 mil funcionários, além de outros 5 mil norte-americanos, por uma ponte aérea de helicópteros entre o terraço do prédio e os porta-aviões e porta-helicópteros estadunidenses ancorados no delta Mekong. No mesmo dia, Van Thieu entrega o poder a seu amigo Tran Van Huong, pois fora abandonado pelos norte-americanos e duramente criticado por seus companheiros. Huong continua com a mesma política de Thieu (que parte levando grande quantidade de ouro para Londres, onde passa a residir confortavelmente), esperando por um milagre.

O uso de armas poderosas, como as bombas CBS de fragmentação, não muda os rumos da batalha nem eleva o moral das tropas, pois muitos oficiais começam a fugir para a 7ª frota norte-americana. No dia 28 Huang renuncia e o general Zuong Van Minh assume o poder. No mesmo dia, os soldados norte-vietnamitas e da FNL cortam a estrada sul que ligava a capital ao delta, enquanto Saigon é atacada pelo norte e nordeste. Na retaguarda, os guerrilheiros *dac cong* tomam a iniciativa e capturam vários pontos estratégicos.

Os aeroportos de Bien Hoa e de Tan Son Nhut são bombardeados. Iniciam-se as conversações neste último, enquanto os soldados e tanques da FNL e RDV avançam para o centro de

Saigon, onde tem início um gigantesco *"streap-tease* militar", sobretudo dos corajosos *rangers*, paraquedistas e policiais sul-vietnamitas, que retiram o uniforme e mergulham no anonimato. Em 30 de abril os tanques cruzam os portões do Palácio presidencial e completam a unificação do país, pondo termo a 35 anos de luta quase ininterrupta.[2] Três potências industriais, incluindo a nação mais poderosa do planeta, não haviam conseguido quebrar a vontade de um pequeno povo e de sua direção política.

A vitória do Vietnã sobre os Estados Unidos só foi possível porque *a guerra* representou *a expressão nacional de uma revolução social*. É correto que o povo vietnamita possuía larga tradição de resistência nacional e foi capaz de sacrifícios sobre-humanos. Mas isso é insuficiente para conduzir à vitória uma pequena nação camponesa contra uma superpotência militar, industrial e tecnológica. Sem um processo de transformação social que liberasse as potencialidades contidas na maioria da população e uma organização política à altura de tão complexa tarefa histórica, pouco poderia ter sido feito. Também foi indispensável a existência de uma estrutura industrial independente do capitalismo, isto é, sem a vitória da Revolução Soviética e da Chinesa, muito dificilmente os revolucionários vietnamitas poderiam ter triunfado.

Ainda que as relações entre os países socialistas não sejam isentas de contradições, é um dado evidente que, sem a existência de um poder militar-nuclear e econômico capaz de impor limites à política da superpotência capitalista, nada a teria impedido de volatilizar um pequeno país se isso fosse indispensável para a manutenção de seu poder. Obviamente a força motriz da Revolução Vietnamita encontra-se nas contradições internas dessa sociedade e na luta das massas. Entretanto, sem o apoio direto ou a influência no contexto internacional da União Soviética, das democracias populares do Leste Europeu

---

[2] A imagem registrada foi a de uma reprise encenada, pois quando o ataque original ocorreu não havia cinegrafistas presentes.

e da China Popular, além das revoluções de libertação nacional do Terceiro Mundo, provavelmente a luta de "tio Ho", seus companheiros e seu povo pouco mais teria sido que um sacrifício heroico.

Se, por um lado, a guerra e a revolução do Vietnã fazem parte de um processo maior de transição em escalada mundial, por outro, constituem elemento marcante e extremo do mesmo processo. A Revolução Vietnamita é uma confirmação de certos postulados teóricos marxistas. No século XX, o capitalismo tornou-se um sistema mundial. As características e tarefas que Marx e Engels atribuíram ao proletariado europeu do século XIX foram por estes parcialmente perdidas na época do imperialismo, mas o mesmo processo reproduziu-as nas zonas de periferia onde o capitalismo penetrava.

No século XX, a análise e a política marxistas são incompreensíveis quando restritas a rígidos marcos nacionais. O que era dificilmente compreensível (ou aceitável) a acadêmicos experientes, foi captado e transformado em um projeto de mudança social por alguns militantes praticamente autodidatas. A guerra do Vietnã é um fenômeno típico do século XX: em meio a um cenário de violência total, a miséria e a grandeza humanas formam uma unidade indivisível. Nem toda a bibliografia sobre o conflito conseguirá dar a inteira dimensão do padecimento de um povo que "fez a história", sobretudo porque o Terceiro Mundo é atualmente o centro dinâmico da história. Milhões de pessoas simples mobilizaram-se para enfrentar a mais sofisticada tecnologia de morte já criada, e venceram.

5. Um socialismo cercado (1975-1991)

O triunfo da Revolução Vietnamita ocorreu em momento histórico marcante para os movimentos revolucionários e de libertação nacional no Terceiro Mundo. Em 1973, o mito da invencibilidade do Exército do Estado de Israel caiu por terra, durante a Guerra do Yom Kippur. Em 1974, o fascismo de Portugal foi derrubado pela Revolução dos Cravos, a Ditadura dos Coronéis gregos chegou ao fim e, um ano depois, a monarquia parlamentar sucedeu ao franquismo na Espanha, constituindo-se em eventos que sacudiram a estratégia da Otan (especialmente o primeiro). Na África, o imperador Hailé Selassié foi derrubado por um golpe militar na Etiópia, em meio a intensa mobilização popular.

Nos anos seguintes, a Junta Militar adotará posições progressivamente anticapitalistas e anti-imperialistas com a ascensão de Mengistu Haile Mariam. Angola e Moçambique, sob a direção de movimentos que se proclamam marxista-leninistas, atingem a independência com Guiné-Bissau, Cabo Verde, São Tomé e Príncipe. A guerrilha intensifica-se na Rodésia e na Namíbia, ocupada pela África do Sul, ao passo que o levante de Soweto mostra a possibilidade de rebelião negra. Mas sem dúvida a pior derrota é a da Indochina, onde as próprias forças norte-americanas estiveram envolvidas. A crise do império (americano) tornou possível o triunfo de todas essas revoluções, a mais importante e simbólica das quais era a vietnamita. A imagem dos helicópteros dos Estados Unidos sendo disputados a murros por norte-americanos e membros da cúpula sul-vietnamita e a entrada dos tanques da FNL e da RDV nos jardins do Palácio de Van Thieu representam o fim de uma época.

Unificação, reconstrução e socialização no Sul

Os Estados Unidos passaram a sofrer da chamada *Síndrome do Vietnã*, responsável pelo retraimento temporário do país nas relações internacionais. A síndrome consistia em sensação de impotência experimentada pela primeira derrota militar da história norte-americana, agravada por haver sido infligida por um pequeno país do Terceiro Mundo (a Guerra da Coreia fora um empate). Representava ainda o complexo de culpa de uma opinião pública alienada e maniqueísta, que descobria que seu país se encontrava na posição de vilão. Também influenciou a descrença generalizada da população no governo, depois do escândalo de Watergate. Assim, a aversão e os riscos de se imiscuir em assuntos internos do Terceiro Mundo levou James Carter (sucessor de Gerald Ford) a desenvolver a diplomacia dos direitos humanos, como forma de recuperar a autoimagem dos norte-americanos como defensores da liberdade no mundo.

Os valores militaristas sofreram duro golpe: dos 2,7 milhões de norte-americanos que passaram pelo Vietnã, 60 mil morreram e 300 mil foram feridos, sendo que parte destes ficou inválida. Dezenas de hospitais foram construídos nos Estados Unidos para tratamento mental de soldados e recuperação de milhares de viciados. A dificuldade de readaptação pode ser exemplificada com os periódicos episódios de veteranos do Vietnã que entram em alguma lanchonete e matam dezenas de pessoas desconhecidas, como ocorre em várias cidades norte-americanas. Apesar do fato de Washington denunciar maus-tratos aos 566 prisioneiros norte-americanos do Vietnã, quando estes foram libertados, a maioria deles fez declarações públicas contra a atitude do país na guerra, levando as autoridades a afirmar que eles haviam sofrido alguma "lavagem cerebral". Um último dado para ilustrar o potencial militar envolvido e o peso das baixas norte-americanas: sete dos catorze porta-aviões dos Estados Unidos estavam envolvidos na guerra, a qual custou ao país a perda de quase 4 mil aviões e helicópteros.

Se o preço pago pela grande potência industrial fora elevado, o da pequena nação agrária superava-o qualitativamente. Quase 30% da superfície arável do país fora inutilizada por bombas, napalm e, sobretudo, pelas armas químicas. Trezentas mil toneladas de bombas não explodidas continuam causando vítimas até hoje. O rebanho de búfalos no Sul foi quase eliminado. Nessa parte do país havia 3 milhões de desempregados, 4 milhões de analfabetos, mais de um milhão de ex-soldados, policiais e oficiais do Exército de Van Thieu desmobilizados, 360 mil mutilados, 800 mil crianças órfãs, um milhão de viúvas, 200 mil prostitutas, dezenas de milhares de viciados, mendigos e delinquentes, além de grandes focos de cólera, milhares de tuberculosos e de contaminados pelos bombardeios químicos (cujos efeitos genéticos geraram uma espécie de "Hiroshima vietnamita"). A cidade de Saigon ultrapassara os 4 milhões de habitantes, que precisavam ser alimentados, ao passo que os campos estavam semidesertos e improdutivos (até 1975, a maior parte dos alimentos era importada).

Saigon tornara-se uma cidade semiestrangeira, "uma Ásia de miséria (onde) se enxertaram farrapos de um Ocidente corrompido" (Vien). Milhões de pessoas no Sul desabituaram-se a trabalhar honestamente, e uma classe média dependente das doações de mercadorias e dinheiro norte-americanos encontrava-se sem perspectivas. O fato de a revolução possibilitar o controle dos rios (diques e irrigação), a alimentação da população e a criação de condições para que um camponês ou operário possuísse uma bicicleta era uma conquista para o Norte. Mas em Saigon, acostumada com Hondas, Mercedes e Dodges, isso era um retrocesso, na perspectiva de sua classe média.

A frugalidade e a moral espartana dos norte-vietnamitas não eram atrativas a uma sociedade moldada pelo capitalismo norte-americano, a civilização da comunicação visual, da publicidade e do condicionamento psicológico. Porém, o mais grave era a existência de uma burguesia que, uma vez esgotado o mercado de produtos importados, dedicara-se a especular com gêneros de primeira necessidade, criando um quadro econômico caótico. A economia do Norte, embora em menor escala, teve sua base industrial e a rede de transportes bastante atingidas. No que se refere à morte de vietnamitas, foram *2 milhões* na fase norte-americana, a maioria civis (mais de 4 milhões desde 1939).

Nesse quadro, a prioridade no pós-guerra era dada à normalização da vida econômica e à manutenção da segurança. Autores pró-ocidentais argumentam que o Sul foi ocupado militarmente pelo Norte. Embora se trate de propaganda ideológica, na verdade o GRP e a FNL se confundem na prática com a administração e as tropas da RDV, para fazer frente à difícil situação existente no Sul. Em abril de 1976, ocorrem eleições gerais no Norte e no Sul. A nova Assembleia vota pela unificação do país, que passa a chamar-se República Socialista do Vietnã (junho). Hanói permanece capital do país, ao passo que Saigon é rebatizada Cidade Ho Chi Minh.

Em dezembro de 1976, realiza-se o Congresso do Partido dos Trabalhadores e do Partido Popular Revolucionário (o equivalente do PT no Sul), onde essas organizações fundem-se e adotam o nome de Partido Comunista do Vietnã (PCV). O Partido Socialista e o Partido Democrático subsistem como forças aliadas em um regime sob hegemonia do PCV. A "terceira força" do Sul (os não comunistas da FNL) integra-se em grande parte às organizações de massa. Não há maiores problemas com os grupos religiosos ou minorias étnicas no país, exceto em relação à cúpula católica e aos comerciantes de origem chinesa.

Apesar da unificação político-administrativa, o país permaneceu dividido em dois sistemas socioeconômicos: o Norte prosseguia a socialização, ao passo que o Sul se ocupava da reconstrução e da conclusão da "revolução nacional democrática e popular". No plano político, o PCV desejava eliminar a burguesia compradora e os latifundiários feudais como classes sociais. Mas, durante muito tempo, no Sul permaneceram segmentos dessa burguesia e da classe média. Era impossível fazer o processo avançar abruptamente, com o governo optando por uma combinação de coação administrativa com reeducação política.

Duzentos mil funcionários, policiais e militares graduados do regime de Thieu foram enviados a campos de trabalho para reeducação (até 1978, 90% já haviam sido considerados "recuperados" e libertados). Um milhão e duzentas mil pessoas foram devolvidas ao campo, nas Novas Zonas Econômicas, em processo repleto de dificuldades e resistências, uma vez que muitos preferiam viver do tráfico nas favelas da Cidade Ho Chi Minh a voltar a cultivar arroz. A paz afigurava-se aos comunistas vietnamitas tão complexa e difícil quanto a guerra.

Entre 1977 e 1978, o Vietnã logra vários êxitos: ingressa na ONU, assina um tratado de fronteiras com a República Popular Democrática do Laos (onde o "príncipe vermelho" Suvanavong era agora presidente), inicia negociações com os Estados Unidos visando à normalização de relações, ingressa no Conselho de Ajuda Mútua Econômica (Comecom ou Came, o Mercado Comum dos países socialistas), assina um Tratado de Amizade e Cooperação com a União Soviética e melhora as condições alimentares e sanitárias no Sul (mas a redução da mortalidade aumenta o crescimento demográfico). Entretanto, em 1978, a situação degrada-se. A reforma agrária no Sul encontra dificuldades, além de o país ser sucessivamente abalado até 1981 por inundações, ciclones e secas que arrasam a agricultura e causam milhares de vítimas. Mas isso não é o pior. As crescentes provocações do exército da República Democrática do Kampuchea na fronteira vietnamita (no "bico do Papagaio") preocupam não por representar perigo em si mesmos, mas pelo apoio da República Popular da China a tal tipo de iniciativa.

Kampuchea, Vietnã e China:
o conflito intersocialista

A tragédia do Kampuchea (a nova denominação do Camboja) tem início logo após a conquista de Pnom Penh pelos khmer vermelhos. É necessária breve resenha do problema, para evitar enfoques desonestos como o do filme *Gritos do silêncio*. Em 1975, o príncipe Sihanuk assume a presidência e Penn Nouth é nomeado primeiro-ministro, mas o verdadeiro poder encontra-se nas mãos de Pol Pot e Ieng Sary, dois intelectuais comunistas vindos do exílio parisiense e fortemente influenciados pela Revolução Cultural maoísta. As primeiras medidas do novo regime são a eliminação física dos membros do governo Lon Nol e das classes dominantes, a transferência em massa de população urbana para o campo (Pnom Penh desce de 2,5 milhões de habitantes para 700 mil em poucos meses) e o isolamento quase completo do país com relação ao exterior. Quase todas as embaixadas são fechadas, e mesmo o pessoal diplomático de países amigos sofre severa reclusão. Em pouco tempo, a única embaixada no país é a da China, sendo este o vínculo exclusivo com o estrangeiro. Logo Sihanuk é derrubado e confinado em prisão domiciliar, enquanto Pol Pot e Ieng Sary assumem o controle direto do Estado. Os monges budistas, intelectuais e outros grupos aliados na luta contra Lon Nol começam a ser perseguidos. A moeda é eliminada, a xenofobia cresce, toda influência externa é perseguida e ocorre a eliminação das minorias étnicas (170 mil vietnamitas fogem do país).

O passado *khmer* começa a ser glorificado, bem como a volta à "idade de ouro" do Império de Angkor. O PC do Kampuchea começa a ser chamado simplesmente de *Angka*. A produção agrícola aumenta, mas a maior parte do arroz é exportada para a China, que envia armas e elogia o "socialismo khmer". A vida social é destruída, 750 mil pessoas (20% da população) são assassinadas ou morrem de fome e doenças no campo, e outros 30% da população se refugiam na Tailândia ou no Vietnã.[1] Há tentativas de rebelião de camponeses e também de setores do Exército e do partido. Contudo, são

---

[1] Em edição anterior fizemos referência à morte de quase metade da população, número enganoso divulgado com ampla legitimidade por importantes organismos internacionais e autores respeitados, mas que se revelou pura propaganda política, vigente na época. Mais um dos tantos mitos contemporâneos.

esmagadas, o que leva a novos expurgos de todos os suspeitos de "simpatia pelo Vietnã". Os ataques às fronteiras vietnamitas, nesse contexto, são intensificados.

Como foi possível tal fenômeno de regressão social? O terror polpotiano foi uma dádiva para a direita internacional (que, todavia, apoiava o regime de Pnom Penh por intermédio da China) e sua propaganda antissocialista: "eis o resultado do marxismo". Contudo, historicamente, todas as revoluções que se apoiaram no socialismo de vertente marxista procuraram industrializar e desenvolver a sociedade, situando a idade de ouro da humanidade no futuro, na mais pura tradição racional-iluminista. No Camboja, o populismo do príncipe Sihanuk havia criado a ideologia "socialismo budista *khmer*", como forma de arregimentar apoio do campesinato tradicional. O grupo estava ameaçado pelo avanço do capitalismo no país, percebido como a "exploração do campo pela cidade", o que feria seu universo patriarcal e igualitarista.

Hu Yong, Hu Nim e Khieu Samphan, os ideólogos do partido comunista, consideraram essa camada retrógrada como a principal força revolucionária do país e reelaboraram o igualitarismo camponês voltado à idade de ouro patriarcal, segundo posições ultraesquerdistas, sobretudo maoístas. Defendiam a eliminação das cidades e a organização do país como uma comunidade de cooperativas em economia natural e em sociedade militarizada, que restauraria o esplendor da civilização *khmer* do Império de Angkor. Do Vietnã, exigiam a devolução das regiões que haviam pertencido ao Império um milênio antes! Paralelamente ao auge dos incidentes de fronteira, o Vietnã promoveu uma reforma monetária que feria os interesses do grande e médio comércio, a maioria do qual nas mãos dos hoa, de origem chinesa, que sabotavam o Plano Quinquenal e comprometiam o abastecimento. A China aproveitou a ocasião para interromper a ajuda e cortar relações com Hanói, acusando-a de opressão aos hoa.

No início de dezembro de 1978 é fundada a Frente de Unidade Nacional do Kampuchea para a Salvação Nacional

(FUNKSN), congregando a resistência que atua contra o regime de Pol Pot em 16 das dezenove províncias no país. A FUNKSN era liderada por Heng Samrin, general khmer que se rebelara contra o regime, refugiando-se depois no Vietnã, o qual apoiou a criação da Frente. Com a intensificação dos ataques à fronteira vietnamita, Hanói resolve revidar e entra no país com 200 mil soldados, apoiados pelas unidades da FUNKSN. Em 7 de janeiro de 1979, Pnom Penh é libertada e dia 11 funda-se a República Popular do Kampuchea. As tropas do regime de Pol Pot fogem para a fronteira da Tailândia, e o novo governo denuncia o genocídio e abre o país à imprensa internacional.

Paralelamente, as relações internacionais encontram-se em plena virada. Em 1978, a direita norte-americana conseguia recuperar-se do baque sofrido e recuperava a maioria dos cargos no Congresso, obrigando o governo Carter a mudar sua política. *Antes* de os soviéticos entrarem no Afeganistão, a Nova Direita conseguira aumentar o orçamento militar dos Estados Unidos, impedir a ratificação dos Acordos SALT II sobre limitação de armas nucleares, colocar em fabricação a bomba de nêutrons, apoiar a guerrilha afegã, interromper o diálogo com o Vietnã e criar a Força de Deslocamento Rápido. Quase uma década de vacilação norte-americana estava chegando ao fim, e a conjuntura internacional favorável ao triunfo de revoluções estava terminando. A vitória de forças antiamericanas na Nicarágua, em Granada, no Iêmen do Sul, no Irã, no Afeganistão, em Zimbábue (ex-Rodésia) e Camboja foi a última antes de a porta se fechar. A eleição de Ronald Reagan apenas amplificou uma tendência previamente existente. Começam os anos conservadores.

Dia 17 de fevereiro de 1979, 600 mil soldados chineses, com artilharia e tanques, cruzam a fronteira para "dar uma lição ao Vietnã", segundo Deng Xiaoping declara a Carter. Quatro províncias fronteiriças são arrasadas. Aos protestos mundiais, junta-se o de muitos chineses, o que obriga o governo de Beijing a decretar as "Medidas Urgentes de Tempo de Guerra", proibindo manifestações. A União Soviética informa à China que honrará seu tratado com o Vietnã caso a guerra prossiga. No dia 18 de março o Exército chinês retira-se (com 50 mil baixas), mas não descarta a possibilidade de voltar. Como as relações entre dois países socialistas puderam chegar a tal ponto?

Obviamente que problemas milenares influenciavam a relação entre as duas nações. Mas o principal era a orientação pró-ocidental da política externa chinesa desde o declínio da Revolução Cultural. A aproximação com os Estados Unidos a partir de 1971 (a *Diplomacia do Pingue-pongue*) atingia o ponto culminante na investida contra os comunistas vietnamitas. A China reconhecera o governo do general Pinochet no Chile, logo após o golpe, e sua embaixada negava acolhida a qualquer refugiado. Na África, a diplomacia de Beijing apoiou movimentos de emancipação conservadores unicamente por não serem pró-soviéticos, os quais atacavam os movimentos de esquerda, além de apoiar regimes reacionários como o do Zaire.

Caía por terra toda a argumentação contra a política externa da União Soviética, acusada de "social-imperialista" (um discurso que seduzira muitos intelectuais progressistas). A prática da diplomacia chinesa na década de 1970 superava as acusações feitas à política internacional soviética nos anos 1960. A China justificava sua invasão como resposta a uma tentativa do Vietnã de dominar a Indochina. Na verdade, a perspectiva chinesa preocupava-se com a força autônoma da Revolução Vietnamita, em uma região que fora historicamente periferia do império chinês, e pelo fato de essa revolução buscar o apoio soviético para manter sua independência diante do poderoso vizinho (uma espécie de "Cuba asiática", tal como a Mongólia havia feito). O Laos, aliado de Hanói, também sofrera provocações de fronteira por parte da China e da Tailândia, obrigando o governo do Vietnã a fechar por três anos a fronteira com este último.

O resultado do confronto é a dependência e o alinhamento ainda maiores de Hanói em relação a Moscou. O Vietnã procura estreitar seus vínculos com os demais Estados indochineses em virtude da ameaça representada pela política externa chinesa da época e pela Tailândia, uma ditadura militar pró-americana ferozmente anticomunista e superarmada. Em 22 de março de 1979 é assinado o Acordo de Cooperação Econômica, Cultural, Educacional e Técnica entre o Vietnã, o Laos e o novo governo de Camboja. Entretanto, o isolamento internacional do Vietnã é grande e toda a ajuda externa, exceto da União Soviética e seus aliados, é cortada.

Ainda que a comunidade internacional repudiasse a barbárie protagonizada pelos *khmer* vermelhos e condenasse o genocídio resultante desse *sui generis* processo histórico-social de "vingança" do campo contra a cidade, poucos países fora do campo soviético reconhecem o governo da FUNKSN (a cadeira do Camboja ficou sem representação no Movimento dos Não Alinhados e, na ONU, era ocupada pela República Democrática, isto é, pelo governo derrubado). O que reforça a ideia de que o inimigo visado pela nova reação conservadora era o Vietnã e as revoluções mais sólidas no Terceiro Mundo.

Quando o governo estatiza parte do comércio, toca nos interesses de quase um milhão de pessoas, 700 mil das quais emigram, em situação reforçada pelas dificuldades internas de abastecimento e pelos boatos de uma possível intensificação da guerra. Destes, 250 mil são descendentes de chineses, a maioria dos quais sai do país em precárias embarcações, originando o problema dos *boat people*, que a imprensa ocidental apresenta emotivamente como "vítimas fugindo de perseguições políticas", gerando mais justificativas para a campanha antivietnamita e maior isolamento do país no cenário mundial.

O prosseguimento da guerra:
tornar inviável a Revolução

Em 1980, o governo vietnamita libera a venda da produção agrícola que exceda a cota mínima fixada por hectare e implementa medidas em apoio ao artesanato. A política é aprofundada no V Congresso do PCV, que se dedica a suplantar a crise econômica e organizativa no fim da década de 1970 e início da de 1880. Le Duan é eleito secretário-geral do Partido, mantendo-se a mesma equipe dirigente formada anteriormente por Ho Chi Minh (Pham Van Dong, Nguyen Tho Huu, Vo Nguyen Giap, Truong Chinh, Le Duan e Le Duc Tho). Além das "autocríticas" internas, o Congresso se preocupa com a crescente tensão internacional que se segue à posse de Ronald Reagan na Casa Branca e ratifica a aliança com a União Soviética.

A era Reagan dá forma institucional à reação conservadora. É desencadeada nova corrida armamentista e instalação de mísseis na Europa, que enterra a *détente*. Em que consiste essa *Nova Guerra Fria*? Os Estados Unidos movem uma corrida armamentista que os coloca em superioridade estratégica sobre a União Soviética e abala a economia soviética; a União Soviética, debilitada, vê-se obrigada a limitar seu apoio às revoluções do Terceiro Mundo para que os norte-americanos reduzam sua pressão militar, assim, os Estados Unidos e seus aliados mais militarizados (África do Sul e Israel, entre outros) poderiam sufocar os movimentos e regimes revolucionários surgidos na última década; paralelamente, os norte-americanos controlariam seus aliados economicamente bem-sucedidos (Europa e Japão), dividindo com eles o fardo da despesa em armas.

No que toca especificamente ao Terceiro Mundo, Washington desenvolve a teoria dos *conflitos de baixa intensidade*, que seriam travados em teatros limitados (com a possibilidade de empregar armas nucleares táticas), visando a enfraquecer e derrubar os regimes revolucionários no poder, sobretudo sustentando os *contras* na Nicarágua, Unita em Angola, Renamo em Moçambique, guerrilhas muçulmanas no Afeganistão, somalis e eritreus na Etiópia, por exemplo (Granada foi invadida diretamente e ocupada), ao passo que reforça governos conservadores para evitar o triunfo de guerrilhas esquerdistas (El Salvador, Guatemala, Namíbia e Filipinas).

No caso da Indochina, a CIA restabelece contatos com as tribos meos, que reiniciam guerrilha esporádica contra o Laos e brinda o Khmer Vermelho com armas modernas, para intensificar a luta contra o Camboja. Na fronteira da Tailândia com o Camboja, as guerrilhas do Khmer Vermelho (agora liderados por Khieu Samphan, menos comprometido com o genocídio, ao passo que Pol Pot e Ieng Sary permanecem nos bastidores, para melhorar a imagem do grupo), do anticomunista Son Sann e um pequeno grupo de seguidores de Sihanuk unem-se, apesar da desconfiança recíproca, para receber ajuda norte-americana, chinesa e tailandesa. A presença de um contingente militar de mais de cem mil soldados vietnamitas em apoio ao novo governo kampucheano tem para Hanói e Moscou enorme custo econômico e diplomático.

Em 1984, o Vietnã tem suas regiões fronteiriças canhoneadas pela China, a Tailândia ocupa pequeno trecho do território laosiano e a resistência kampucheana realiza grandes ataques. Mas não ocorre invasão chinesa, os combates cessam no Laos (embora os tailandeses não se retirem) e as tropas vietnamitas e kampucheanas contra-atacam, destruindo todos os santuários da resistência na Fronteira, obrigando-a a refugiar-se na Tailândia. Provavelmente as provocações sino-tailandesas tenham sido uma ameaça para evitar a reação vietnamita à ação da guerrilha kampucheana. Em 1981, é desbaratado um comando da Frente Nacional Unida pela Libertação do Vietnã, movimento antirrevolucionário criado na Califórnia e liderado pelo ex-comandante da Marinha de Saigon, quando cruzou a fronteira.

Apesar da estabilização da produção agrícola, da ampliação do parque industrial, da conclusão da hidrelétrica de Hoa Binh, da termoelétrica Pha Lai, da reconstrução do reator nuclear de Dalat pela União Soviética (havia sido construído pelos Estados Unidos na década de 1960 e desmontado quando da retirada norte-americana) e de desempenho satisfatório no plano da saúde e educação, o país continuava a enfrentar problemas econômicos e de gestão. O orçamento militar para defesa do país e manutenção de tropas de apoio ao governo da FUNKSN é insuportável para uma pequena nação subdesenvolvida. Entre 1979 e 1982 o Kremlin conheceu uma verdadeira paralisia interna e diplomática (os estertores da era Brejnev), reduzindo-se a capacidade de ajuda externa.

As reformas de Iuri Andropov não tiveram tempo de frutificar e o interregno Tchernenko manteve a União Soviética na defensiva. A face internacional da *Perestroika* de Gorbatchov (desde 1985) representava a tentativa de reação, mas comportando um enfoque que preocupava o PCV. As negociações sobre o desarmamento e a resolução política dos conflitos regionais foram a tônica dessa política. Afeganistão, Angola, Nicarágua e Camboja eram os principais focos de tensão a serem resolvidos. No caso de Afeganistão e Camboja, avançaram-se acordos de formação de governos de coalizão e já iniciaram-se as retiradas de tropas soviéticas e vietnamitas, respectivamente. A situação afegã era imprevisível e representava um desgaste, mas, no que se refere ao problema kampucheano, Hanói recusou-se a permitir a volta dos khmer vermelhos ao poder e buscava algum tipo de compromisso com o príncipe Sihanuk. O relativo relaxamento entre a União Soviética e a República Popular da China, com o advento de Gorbachov, permitiu alguns avanços, mas também graves apreensões do lado vietnamita.

O governo da FUNKSN conseguiu reconstruir, com a cooperação civil vietnamita, a vida social no país, reativou a economia, reabriu os pagodes e criou condições para que a nação conseguisse superar, ao menos em parte, o trauma da experiência polpotiana. Seu grande problema se encontrava, como foi mostrado, no plano diplomático. O Laos manteve a estabilidade interna e foi o país menos afetado pelas tensões internacionais na Indochina. Quanto ao Vietnã, a situação interna era difícil. O VI Congresso do PCV (dezembro de 1986) realizou demolidora crítica da política anterior, denunciando a incompetência burocrática da maior parte das empresas e órgãos administrativos, da corrupção de muitos quadros (praticamente inexistente na época da guerra), dos fracos resultados no desenvolvimento socioeconômico após sucessivas reformas e do gravíssimo problema demográfico.

Continuando a crescer nesse ritmo, o país terá uma população de 120 milhões em 2020, o que é um desastre para um país pequeno quase sem recursos naturais. Truong Chinh, ao abrir o Congresso, afirmou dramaticamente:

> Nos outros países socialistas, a renovação permitirá alcançar o nível dos países avançados ... Mas, para nosso país, a renovação é uma questão de vida ou morte ... Só há uma saída para o impasse atual: mudar nosso modo de pensar e trabalhar.

E Nguyen Khac Vien, apoiando-se em uma imprensa crítica e combativa, defendeu a necessidade da "aposentadoria" da velha guarda, dizendo que "não se pode produzir o novo com homens velhos".[2]

Após o Congresso, efetivamente assistiu-se no primeiro escalão à substituição dos quadros do tempo de guerra por uma nova geração, que implantou importantes reformas na estrutura política e econômica do país. Mas a chance de serem bem-sucedidas dependia primeiro da manutenção da paz. E, nesse aspecto, 1988 representou um ano ambíguo: as tropas vietnamitas iniciaram a retirada do Camboja, onde um acordo se esboçava, mas ocorreram escaramuças entre navios de guerra chineses e vietnamitas nas ilhas ocupadas pela China em 1974 e o conservador papa João Paulo II canonizou 150 "mártires" católicos vietnamitas em gesto político óbvio (antes canonizara em bloco os padres franquistas mortos na Guerra Civil Espanhola).

A geração da guerra venceu a França e os Estados Unidos; a geração da paz tinha então o desafio de vencer o subdesenvolvimento, em meio a um sistema internacional em crise e em rápida mutação. Nos Estados Unidos, a ofensiva ideológica militarista, bem representada pelos filmes de *Rambo*, não conseguira ainda livrar o país da síndrome do Vietnã, o que impediu a administração Reagan de enviar tropas à Nicarágua e outros países do Terceiro Mundo. A memória do Vietnã fazia que o Movimento dos Veteranos se opusesse ativamente a outra intervenção.

Contudo, ao final de uma década, a ofensiva conservadora da Nova Guerra Fria e de seus conflitos de baixa inten-

---

[2] *Le Monde Diplomatique*, jan. 1988.

sidade logrou atingir muitos de seus objetivos, embora com algumas consequências imprevistas. Os países socialistas foram dramaticamente enfraquecidos na década de 1980, ao passo que os frágeis e recém-instalados regimes revolucionários do Terceiro Mundo eram desgastados até a exaustão. O Vietnã sofreu terrível isolamento diplomático; em 1988 a inflação atingia 1.000% e, no fim do ano, o país era declarado zona de fome, pelo desastre agrícola resultante das dificuldades do modelo econômico e dos problemas climáticos. Pior ainda, desde fins de 1987 Gorbachov negociava com Reagan o desengajamento soviético nos conflitos regionais, em troca do fim da corrida armamentista. Com ambos os países passando a convergir no Conselho de Segurança da ONU, efetivamente se encerrava a Guerra Fria, o que viria a provocar o colapso do Leste Europeu e o abandono das revoluções do Terceiro Mundo.

Nesse contexto, as reformas timidamente iniciadas em 1986 tiveram de ser aceleradas. O chamado *Novo Pensamento* vietnamita, que representava uma versão socialista da *Perestroika*, implementou uma abertura política limitada e reformas econômicas. A agricultura adotou a política do *Khoan* (contrato de empreitada) e em 1989 o país passava a abastecer plenamente o mercado interno e a exportar significativos excedentes de arroz, ao passo que a inflação era derrubada. Tal situação restaurou a confiança do campesinato. Essa verdadeira Nova Política Econômica (NEP) vietnamita, como a similar soviética dos anos 1921-1927, prejudicou, entretanto, os funcionários, os operários e todos aqueles que recebiam salário fixo. Dessa forma, ao estimular as desigualdades sociais, a NEP criou ao mesmo tempo uma instabilidade latente. E os acontecimentos internacionais vieram a complicar dramaticamente a questão.

Em maio-junho de 1989, a mudança da situação mundial e os impasses do modelo e da abertura econômica chinesa davam ensejo ao protesto da Praça da Paz Celestial, que o exército e os velhos reformistas do PC reprimiram duramente, causando dezenas de mortes. Segundo a grande imprensa ocidental, Cuba, Alemanha Oriental e Vietnã teriam manifestado seu apoio à ação das autoridades chinesas, sendo classificados de "últimos bastiões do estalinismo". A causa da atitude repousava no temor desses países em ver instrumentalizado internacionalmente algum foco de descontentamento interno. Os regimes de Havana, Berlim-leste e Hanói constituíam, sem dúvida, as maiores vítimas da diplomacia da *Perestroika*, ao perder o apoio de Gorbachov, que estava estabelecendo uma *detenté* com os Estados Unidos e encontrava-se imerso nos problemas e nas contradições de suas reformas. Ora, os acontecimentos dos meses finais de 1989 vieram a justificar o receio desses regimes. Moscou não apenas entregou seus aliados do Leste Europeu aos inimigos de ontem, como abandonou completamente os do Terceiro Mundo.

O que a imprensa chamou de modo ufanista de *fim da Guerra Fria* e *fim do socialismo* (e, depois, *fim da história*) significou, concretamente, o desengajamento da União Soviética das relações internacionais como superpotência. O rápido declínio do comércio e da ajuda desarticulou a indústria local e obrigou os comunistas vietnamitas a forjar novos vínculos econômicos externos e planejar sua sobrevivência sem apoio algum. Reforçou-se então uma tendência que já se fazia presente: à abertura econômica correspondeu um fechamento político. Nguyen Van Linh, secretário do PC desde 1986 e defensor das reformas, rejeitou o multipartidarismo em 1990, ao mesmo tempo que introduziu o partido nos movimentos sociais e aprofundou o combate à corrupção, buscando reforçar a confiança popular.

Por trás da atitude encontrava-se o temor de uma explosão social e política, tanto pelos efeitos desestabilizadores que acompanham o sucesso das reformas econômicas quanto pelas consequências do refluxo dos países socialistas, sobretudo entre a juventude, que não viveu a guerra de libertação. A retirada das tropas vietnamitas do Camboja, entretanto, permitiu romper o isolamento diplomático, o que foi reforçado pelas crescentes dificuldades da República Popular da China, o que permitiu o início da reaproximação dos dois países, que se sentiam ameaçados. Os Estados Unidos, por seu turno, reiniciaram, em agosto de 1990, o diálogo com o Vietnã.

6. Um socialismo reformado (1991-2007)

Com os acordos firmados entre Reagan e Gorbachov em fins de 1987 e em 1988, a Guerra Fria foi encerrada, uma vez que os Estados Unidos e a União Soviética passaram a convergir no Conselho de Segurança da ONU. O fim do confronto bipolar e a política de acercamento ao Ocidente pelo formulador da *Perestroika*, centrada na construção da *Casa Comum Europeia*, levaram à desagregação dos regimes socialistas do Leste Europeu no segundo semestre de 1989, com o apoio ou a indiferença de Moscou. No plano mundial, em troca da redução das tensões estratégicas e da corrida armamentista, o Kremlim aceitou retirar seu apoio aos regimes socialistas do Terceiro Mundo.

Era o fim do bloco soviético, do Comecon e do Pacto de Varsóvia e, dois anos depois, a própria União Soviética e seu regime socialista desapareceram. O Vietnã ficou em situação difícil, tendo de buscar a normalização diplomática, o apoio da China (até então rival) e desenvolver nova política econômica capaz de compensar o desaparecimento brusco da ajuda externa. Mas, como no caso de outros países asiáticos (China e Coreia do Norte) e Cuba, o regime socialista sobreviveu no Vietnã, adotando o modelo chinês de desenvolvimento. Ao mesmo tempo, passou a cooperar com seus vizinhos, integrando-se na Asean, e normalizou as relações com os Estados Unidos. Nos últimos dez anos o Vietnã, sob o signo das reformas *Doi Moi*, conheceu um crescimento econômico acelerado, tornando-se um "pequeno Tigre asiático", embora com novas tensões internas.

Doi Moi (Renovação), um socialismo de mercado

Desde a vitória sobre os Estados Unidos, em 1975, o Vietnã tentou diversas reformas econômicas, pois até então o desenvolvimento era baseado na indústria pesada e na agricultura cooperativada. Mas as dificuldades maiores ocorriam no Sul, além dos problemas apontados anteriormente, também pela debilidade da infraestrutura, por uma centralização excessiva, pela expulsão dos empreendedores comerciantes hoa, de origem chinesa, e pela imposição das cooperativas, o que levou à estagnação agrícola. No Sul, onde os norte-americanos haviam distribuído lotes individuais aos camponeses, a introdução de cooperativas foi vista como uma espécie de expropriação. Uma breve liberalização, ocorrida em 1977-1978, foi revertida em 1979 pela guerra no Camboja e contra a China.

As reformas econômicas vietnamitas foram uma resposta aos graves problemas do abastecimento e do desenvolvimento, mas também a busca de uma alternativa diante da gradual redução da ajuda econômica, militar e político-diplomática soviética. Como foi visto, o VI Congresso do Partido Comunista do Vietnã buscou mecanismos para atingir a autossuficiência agrícola. Nguyen Van Linh defendeu a renovação, com a liberação do comércio de produtos agrícolas, a criação de um setor privado e o estabelecimento de leis autorizando investimentos estrangeiros. Era o início do modelo que seria conhecido como *Doi Moi*, que significa *Renovação*.

A Renovação *Doi Moi*, o "socialismo de mercado" vietnamita, consistia na:

1. descentralização do controle econômico governamental e autonomia para as empresas estatais no que diz respeito à tomada de decisões relacionadas à produção, à distribuição e ao financiamento;
2. substituição de controles e medidas administrativas por medidas econômicas, em particular o uso de políticas monetárias orientadas ao mercado para controlar a inflação;

3. adoção de uma política orientada para a exportação nas relações econômicas externas, com a introdução de taxas de câmbio mais realistas e a liberalização de investimentos estrangeiros em 1988;
4. adoção de políticas agrícolas que permitiram direitos de usufruto da propriedade rural de longo prazo e maior liberdade na comercialização e fixação de preços (a maioria das cooperativas foi substituída pela agricultura familiar); e
5. confiança e aceitação do setor privado como motor do crescimento econômico (Moneta, 1995, p. 214).

Mas os resultados desse movimento, em uma conjuntura adversa, inicialmente foram malsucedidos. Em 1988 o governo teve de recorrer à austeridade para controlar a inflação e à desvalorização do dong, produzindo-se uma onda de falências e o crescimento do desemprego. Este foi agravado pela redução do efetivo militar (que retornava do Camboja), atingindo 30% da força de trabalho, em um quadro de crescimento da informalidade laboral e do contrabando, com aumento da desnutrição e a eclosão de protestos populares. Mas no ano seguinte a safra melhorou, com a expansão dos cultivos de arroz no Sul e o início das exportações.

As dificuldades econômicas agravaram-se qualitativamente com a crise e a desintegração da União Soviética e o fim do Comecon, que era responsável por mais de 80% do comércio vietnamita. A emigração ilegal rumo a Hong Kong, realizada em frágeis embarcações, tornou-se uma crise humanitária grave, com fortes repercussões diplomáticas, uma vez que os que chegavam à então colônia inglesa ficavam internados em campos de refugiados, sob ameaça constante de repatriação. Os impactos políticos da situação não eram menores. Em 1989 o movimento denominado Clube dos Lutadores da Resistência, um grupo de pressão interna do PC, integrado por ex-guerrilheiros do Sul, defendeu, sem sucesso, a adoção de um sistema político multipartidário.

Nguyen Van Linh, dirigente do PCV, rechaçou qualquer adesão ao liberalismo e reafirmou o compromisso com o socialismo, em um quadro em que o comunismo desabava na Europa, era desafiado na poderosa China e se encontrava em plena debanda no Terceiro Mundo. Todavia, candidatos não comunistas foram admitidos nas eleições de 1989 e a Associação dos Veteranos do Vietnã foi legalizada. Com o agravamento da conjuntura internacional, a resposta do PCV foi a expulsão de 18 mil funcionários por corrupção, fenômeno que representava um dos maiores problemas políticos do país. No seu VII Congresso, realizado em junho de 1991, o Partido reafirmou o caminho socialista do Vietnã e o papel dirigente do Partido. Van Linh foi substituído como secretário-geral por Do Muoi, o grande articulador das reformas *Doi Moi*.

As reformas econômicas, que vinham ocorrendo desde a segunda metade da década de 1980, foram acompanhadas por tentativas de transformações políticas. O processo de abertura econômica e o colapso do Leste Europeu e da própria União Soviética exigiam reformas no sistema político e a adoção de um novo modelo de socialismo. Nesse contexto, foi promulgada uma nova constituição em abril de 1992, que permitiu que candidatos independentes concorressem nas eleições. Mesmo assim, em julho do mesmo ano, 90% dos candidatos ao Legislativo pertenciam ao PC. De qualquer forma, consolidou-se um modelo de socialismo de mercado semelhante ao da China, país com o qual são normalizadas as relações diplomáticas e econômicas. A abertura da economia foi contrabalançada pela reafirmação e pelo aperfeiçoamento do papel dirigente do Partido Comunista.

Por que razão o comunismo sobreviveu na Ásia e, em particular, no Vietnã? Em primeiro lugar, cabe destacar que os países asiáticos desenvolveram um socialismo de base camponesa que ainda não havia esgotado suas potencialidades, estando mais atrasados mas com maior dinamismo que o de perfil operário soviético. O campesinato tradicional mantinha-se na Ásia, ao contrário da urbanização e modernização massiva e forçada da União Soviética, e os valores tradicionais asiáticos foram apenas modernizados pelo comunismo, não eliminados. E eles se revelaram valiosos para a construção de nova legitimidade, quando o comunismo de tipo ocidental entrou em crise. Além disso, ao contrário do Leste Europeu, o comunismo asiático foi construído com forças próprias, na luta anticolonial e de libertação nacional, e conquistou o poder sem a ação do Exército Vermelho ou pelo desejo de Moscou.

Mas não menos importante foi o papel da China, grande potência em industrialização e com capacidade militar e diplomática de dissuasão, que garantiu condições regionais para a sobrevivência de pequenos países socialistas como Vietnã e Coreia do Norte. Esta última, por razões geopolíticas (Estado-tampão entre a China e as tropas norte-americanas estacionadas na Coreia do Sul) e pela solidez de seu regime, que sobreviveu aos gravíssimos problemas econômicos resultantes do colapso da União Soviética, sem adotar o modelo de mercado. No caso do Vietnã, a guerra permitiu aos comunistas adquirirem papel sólido na vida política nacional. Contudo, é interessante observar que Hanói e Pyongiang mantêm uma relação quase hostil, pelo apoio da última ao Khmer Vermelho durante o conflito cambojano. Por fim, embora o regime socialista tivesse sido abolido no Camboja, mas mantido no Laos, os respectivos partidos comunistas (o cambojano com nova denominação) lograram manter o controle político nesses países.

No âmbito interno, nas eleições de 1992 os comunistas vietnamitas conseguiram 384 das 450 cadeiras no Parlamento. Foi designado presidente o general Le Duc Anh, aliado do primeiro-ministro Vo Van Kiet. No plano econômico, o PIB cresceu 8,3% e, além de arroz, o país passou a exportar petróleo (jazidas *off-shore* passaram a ser exploradas por empresas transnacionais) e a receber razoável número de turistas, ao passo que os Estados Unidos levantavam o embargo comercial em 1993 e restabeleceram relações diplomáticas em 1995. Muitos emigrados, trazendo consigo considerável volume de capital, retornaram ao país, gerando ganhos econômicos, mas também problemas políticos. Ao lado dos capitais de Hong Kong e de Taiwan, que já se encontravam no país, investimentos japoneses, cingapurenses, sul-coreanos e malaios foram responsáveis pela melhoria da infraestrutura energética e de transportes e pela instalação de indústrias leves (em especial têxteis e de componentes), aproveitando a abundância e o baixo custo da mão de obra local, o que foi facilitado pela adesão do país à Asean em 1995.

Os investimentos estrangeiros estão irregularmente distribuídos no Vietnã, pois priorizam o Sul (75%), ao passo que o governo prefere investir no centro (região do Anam), preservando o Norte das consequências políticas da liberalização e buscando reforçar a integração interna. A política de fomentar o desenvolvimento da região central busca, igualmente, criar contrapeso ao crescente poder econômico do Sul. Daí a promoção prioritária de assentamentos de colonização no planalto central, sob o pretexto (justificado) de aliviar a pressão demográfica nos deltas do rio Vermelho (norte) e Mekong (sul), uma vez que a agricultura é responsável por 40% do PIB, três quartos dos postos de trabalho e metade das divisas obtidas com a exportação.

Contudo, a crise asiática de 1997 atingiu o Vietnã e foi agravada por uma seca em 1998, a qual destruiu boa parte dos cafezais, produto que o país exporta, em geral, para a Europa e para os Estados Unidos. Além disso, o câmbio acabou se desvalorizando no país, o que gerou, no ano seguinte, um refluxo dos investidores internacionais, com o volume de recursos estrangeiros destinados ao país caindo 64% em relação ao ano anterior. Mas em 1997 foi eleito presidente Tran Duc Luong (que desejava limitar as reformas), tendo como primeiro-ministro Phan Van Khai (um defensor da abertura), em um jogo de equilíbrio político. Em 2002 ambos foram reeleitos para um novo mandato, com os comunistas obtendo 445 lugares na Assembleia Nacional, o parlamento unicameral, ao lado de 53 deputados independentes.

O impacto da crise asiática, como no caso da Coreia do Sul e da Malásia, foi limitado no Vietnã, e o país logrou recuperar seu ritmo de crescimento econômico, tornando-se um "pequeno tigre". Em 2000 o país abriu sua primeira Bolsa de Valores. O crescimento econômico foi facilitado pelo apoio norte-americano aos investimentos no Vietnã, como forma de gerar alternativas ao acelerado desenvolvimento chinês, criando, ao mesmo tempo, contrapeso estratégico a Beijing. A história e a política internacional têm, realmente, suas ironias... Em paralelo, um acordo entre a China, o Vietnã e as Filipinas permitiu a exploração conjunta das jazidas de petróleo *off-shore* nas litigiosas águas do mar da China Meridional.

Em janeiro de 2004, o país foi assolado por uma pandemia conhecida como *gripe aviária*, colocando os mecanismos sanitários do governo em alerta. A Organização Mundial da Saúde (OMS) e a Organização das Nações Unidas para a Agricultura e Alimentação (FAO) demonstraram preocupação quanto ao problema, constrangendo o Vietnã a não reabrir as granjas de frango até a erradicação completa da doença. Na continuidade da política de combate à corrupção, o governo condenou e executou Truong Van Cam, o chefe mafioso mais importante do país. Contudo, em junho, o Alto Comissariado das Nações Unidas para Refugiados (Acnur) encontrou quarenta *montagnards* vietnamitas (das tribos meos) escondidos em uma floresta do Camboja. O povo vem sofrendo com o projeto de reforma agrária no planalto central, que visa assentar parte do excedente populacional vietnamita do delta do rio Mekong. Além disso, eles são perseguidos pelo governo de Hanói por sua colaboração com os Estados Unidos durante a Guerra do Vietnã.

Outro problema é que as reformas reforçam ainda mais a posição da Cidade Ho Chi Minh (ex-Saigon) como centro econômico do país, ampliando as desigualdades regionais. O Sul continua relativamente ocidentalizado, ao passo que o Norte permanece o centro político do país, com seu perfil confuciano-asiático. Além disso, o crescimento demográfico é, ainda, relativamente alto, com uma densidade de quase 250 habitantes por km², o que é grave para um país que continua sendo predominantemente agrário e com poucos recursos naturais. Mas o Vietnã orgulha-se de sua história e em 2005 ocorreu uma grande cerimônia na Cidade Ho Chi Minh para comemorar os trinta anos do fim da Guerra do Vietnã. O primeiro-ministro Phan Van Khai afirmou que a vitória de 1975 ficaria "escrita para sempre na história da nação", ao passo que o veterano Giap desdenhava da ocidentalização introduzida pelas reformas.

A NORMALIZAÇÃO INTERNACIONAL E SEUS PERIGOS

O fim dos conflitos regionais e a reinserção econômica e diplomática do Vietnã e de seus vizinhos indochineses na região asiática e no sistema mundial foram obtidos gradativamente. O maior problema era o conflito cambojano e a presença das forças vietnamitas dentro dele. A saída das tropas de Hanói do Camboja em 1989 abriu caminho para a normalização do Vietnã com a comunidade internacional, embora a manutenção do regime socialista unipartidário tenha permanecido, por algum tempo, como um entrave. Em 1991 o repatriamento dos refugiados vietnamitas que se encontravam em Hong Kong melhorou a situação diplomática do país, bem como a assinatura, em outubro, de um Acordo de Paz definitivo no Camboja, embora esse país permanecesse convulsionado ainda por um bom tempo.

Em 1992 Hanói e Beijing restabeleceram relações diplomáticas e estreitaram a cooperação econômica e partidária, com a finalidade de apoiar mutuamente seus regimes políticos ameaçados internacionalmente. Ao mesmo tempo, em 1993, o Vietnã, demonstrando a vontade de se reaproximar dos Estados Unidos, devolveu os restos mortais de 26 soldados norte-americanos mortos na guerra. A resposta do governo Bill Clinton foi a suspensão do embargo comercial ao país, que já durava trinta anos. Também nesse ano, o Vietnã prosseguiu com a abertura, promovendo maior intercâmbio com a Rússia, a China, a Austrália e o Japão. Os investimentos no país aumentaram e geraram um crescimento econômico expressivo. Em janeiro de 1995, Vietnã e Estados Unidos abriram representações nas respectivas capitais, normalizando as relações diplomáticas e, em maio de 1997, o primeiro embaixador norte-americano foi nomeado no Vietnã depois de mais de vinte anos. Ainda no mesmo ano o país ingressou na Associação de Nações do Sudeste Asiático (Asean).

O ingresso na Asean abre novas perspectivas para uma inserção internacional mais autônoma, pois o Vietnã tinha de manobrar, até então, sobretudo entre as grandes potências. A normalização das relações com os vizinhos, promovida em marcos institucionais e multilaterais, amplia o peso internacional relativo do país, que passa a ser um dos grandes membros do bloco, que está estruturando a criação de uma área de livre comércio, a Asean Free Trade Area (Afta). Em setembro de 1998, o Vietnã passa também a ser membro pleno da Asia Pacific Economic Coordination (Apec), um amplo fórum que contribuiu para ampliar sua presença internacional.

No mesmo ano firmou um tratado sobre fronteiras com a China, abrindo-se uma nova era de cooperação entre os dois governos. O litígio sobre o mar da China Meridional e de alguns arquipélagos dele ainda não foi solucionado, mas os marcos jurídico-diplomáticos para a resolução foram estabelecidos, bem como a exploração conjunta do petróleo (o que não eliminou determinadas divergências). Os dois regimes socialistas se apoiam mutuamente, mas certa rivalidade nacional ainda persiste, com o Vietnã apoiando-se na Asean e, em alguma medida, nos Estados Unidos, que buscam aliados na região para contrapor ao gigante chinês.

Em 2000, além de o Vietnã assinar com os Estados Unidos um acordo que elimina todas as restrições ao comércio bilateral, a primeira bolsa de valores no país começou a funcionar. No mesmo ano, o presidente Clinton fez uma visita oficial de três dias ao Vietnã, prometendo mais recursos norte-americanos para ajudar a retirar explosivos não detonados do tempo da guerra. Em 2004, o primeiro-ministro Van Khai por sua vez foi aos Estados Unidos, sendo esta a primeira visita de um presidente do Vietnã socialista ao antigo inimigo. A Rússia, por seu turno, abandonou em maio de 2002 a base naval de Cam Ranh Bay, a maior do país fora do antigo Pacto de Varsóvia, mas as relações bilaterais têm sido retomadas com intensidade desde o início do governo Putin. Da mesma forma, a cooperação com Cuba tem aumentado, retomando o nível anterior. Finalmente, o Vietnã está em adiantadas negociações para ingressar na Organização Mundial do Comércio (OMC).

O Laos, diante da crise da União Soviética, restabeleceu em 1988 relações com a China e em 1989 firmou um Acordo de Cooperação com os Estados Unidos, visando ao combate ao narcotráfico e aos cultivos responsáveis pela produção do ópio. Com a queda do Leste Europeu e a implosão da União Soviética, o Laos perdeu metade do seu comércio externo, além de sofrer grandes inundações e destruições produzidas por pragas, afetando a produção agrícola e agravando a situação econômica do país. Diante de tais dificuldades, o Laos se aproximou da Tailândia e, em 1994, firmou um Acordo de Investimentos e inaugurou uma ponte entre os dois países, no quadro da ampliação das relações comerciais. Toda essa evolução significou, obviamente, certo distanciamento em relação ao Vietnã.

Em 1991 foi estabelecida uma nova constituição que consagrava o regime político socialista e em 1992 ocorreram eleições, com o Partido Popular Revolucionário do Laos mantendo o *status* de partido único, mas com a adoção de reformas econômicas liberalizantes, fortemente favoráveis aos investimentos estrangeiros. Um acordo com o Fundo Monetário Internacional (FMI) permitiu a redução da inflação de 46% para 10%, ao passo que o crescimento da economia passou a ser de 7% ao ano. Mas, com uma economia basicamente rural e exportadora de produtos primários, o país subpovoado (a "Terra dos Mil Elefantes") sofre problemas sérios, como o desflorestamento: em 1964 exportava 6 mil m^3 de madeira, contra 600 mil em 1993 (embora 55% da superfície do país ainda seja coberta por florestas). Em 1997 foi atingido pela crise asiática, embora o caráter primitivo de sua economia tenha limitado os danos dela.

Nesse mesmo ano o país ingressou na Asean (com Mianmar), o que abriu novas perspectivas.

A normalização no Camboja foi a mais difícil de ser alcançada. Com o advento da *Perestroika* e a retirada das tropas vietnamitas (estimadas em 100 mil soldados), o dirigente pró-vietnamita Heng Samrin foi substituído por Hun Sen. Em 1989 o toque de recolher foi suspenso, pequenas reformas econômicas liberalizantes foram introduzidas e a denominação República Popular do Kampuchea foi mudada para Estado do Camboja. Mas a Conferência de Paris, visando a estabelecer a paz, fracassou por causa das divergências entre o Vietnã e a ONU, em particular quanto à proposta de permitir a participação do Khmer Vermelho em um governo de coalizão. Contudo, apesar da retirada das forças vietnamitas, as forças governamentais conseguiram deter a ofensiva do Khmer Vermelho e fazer seus guerrilheiros recuarem para a fronteira da Tailândia em 1990.

Em outubro de 1991, após difíceis negociações, foi, finalmente, firmado o Tratado de Paz, que instituiu o Conselho Nacional Supremo, tendo o príncipe Sihanuk como presidente, até a realização de eleições em 1993. Uma força de paz da ONU, que incluía tropas japonesas (pela primeira vez autorizadas a atuar fora de seu país), foi enviada em 1993 para supervisionar o cessar-fogo e o processo eleitoral. Este foi boicotado pelo Khmer Vermelho, tendo a Frente Unida Nacional por um Camboja Independente, Neutro e Cooperativo (Funcipec) do príncipe Norodom Ranaridd (filho de Sihanuk) obtido 58 assentos no Parlamento, o Partido do Povo do Camboja (ex-comunista) 51, o Partido Liberal-Democrático 10 e o Movimento de Libertação do Camboja, 1. Ranaridd e Hun Sen se tornaram co-primeiros-ministros e se estabeleceu uma nova constituição, que instituía uma monarquia parlamentar com Sihanuk como rei "independente dos partidos".

Aqui vale mencionar os três adversários com "sete vidas" políticas: Sihanuk, Pol Pot e Hun Sen. O príncipe Sihanuk enfrentou várias adversidades políticas, mas manteve sua popularidade e equilíbrio político, logrando sempre voltar ao poder.

Pol Pot, o intransigente líder do Khmer Vermelho, tantas vezes dado como morto, conservou a liderança de seu movimento e manteve mais vinte anos de guerrilha após perder o poder e sete após deixar de contar com qualquer apoio internacional. Finalmente Hun Sen, o dirigente comunista que ascendeu com a presença vietnamita, considerado o elemento a ser descartado no pós-Guerra Fria, sobreviveu à mudança política e aos vários complôs para afastá-lo do poder, mostrando determinação e instinto político notáveis.

Em 1995 e 1996 o governo desencadeou grande ofensiva militar contra o Khmer Vermelho, que prosseguia sua guerrilha e controlava 15% do território. Enfraquecido militarmente, o movimento começou a sofrer deserções, como a de Ieng Sary em junho de 1997. Um mês depois o príncipe Ranaridd, que preparava um golpe contra seu coprimeiro-ministro Hun Sen, foi surpreendido pela ação preventiva deste. Com suas forças desbaratadas, ele teve de fugir do país. Em sinal inequívoco, a comunidade internacional considerou Hun Sen golpista e bloqueou a adesão do Camboja à Asean. Como solução de compromisso, Ranaridd retornou ao país, mas enfraquecido politicamente (tornou-se presidente da Assembleia Nacional), e, em 1999, o Camboja ingressou como décimo membro da Asean. Ao longo do turbulento período, finalmente Pol Pot morreu e seu obstinado e terrível movimento foi desarticulado em definitivo.

O Camboja também foi afetado pela crise asiática, mas pôde se recuperar gradativamente e rearticular a economia devastada por décadas de conflitos. Uma parte importante do território continua ainda repleta de minas terrestres, dificultando as comunicações e as atividades sociais e econômicas. Os investimentos estrangeiros, as indústrias leves, o turismo, a agricultura e as exportações primárias continuam crescendo, embora em ritmo moderado. O *status* de "pequeno tigre" está longe de ser atingido, mas o país já goza de normalidade e estabilidade, plenamente inserido no sistema internacional. De qualquer forma, parece ter chegado ao fim o longo martírio do povo cambojano.

Quanto ao Vietnã, o Estado pivô da Indochina, oito décadas após sua força política dirigente haver iniciado a resistência ao fascismo, sete após triunfar sobre os japoneses, seis depois de expulsar os franceses e três após derrotar os Estados Unidos e impedir uma invasão chinesa, quase duas depois de perder o apoio e ver desaparecer a potência protetora soviética, o país enfrenta satisfatoriamente os desafios da globalização e mantém seu regime socialista (de mercado). A independência e a soberania nacional foram atingidas, o país mantém um regime de sua escolha e continua sendo uma nação com uma forte cultura e identidade própria. Se o desenvolvimento e a prosperidade ainda não foram plenamente atingidos, é forçoso reconhecer que o país logrou avanços, sobreviveu a terríveis experiências e se localiza no centro da região de maior crescimento econômico mundial no início do século XXI, plenamente inserido nela. Sua história nacional tornou-se uma importante referência para a ascensão da região e para o avanço da humanidade.

BIBLIOGRAFIA

AGRA, L. Os refugiados do Vietnam. *Revista Oitenta (Porto Alegre)*, n.1, L&PM, 1979.

BALL, D. (Ed.). *The Transformation of Security in the Asia/Pacific Region*. London: Frank Cass, 1996.

BÉSANGER, S., SHULDERS, G. (Dir.). *Les relations internationales en Asie-Pacifique*. Roissy-en-France: Alban, 1998.

BIANCO, L. *Asia contemporánea*. México: Siglo XXI, 1980.

BOUDAREL, G. *Giap*. Paris: Atlas, 1977.

BURCHETT, W. *Vietnã do Norte*. Rio de Janeiro: Civilização Brasileira, 1968.

_____. *La Segunda Guerra de Indochina*. Havana: Ed. de Ciencias Sociales, 1971.

_____. *Catapulta hacia la libertad*. Havana: Ed. de Ciencias Sociales, 1984.

CHALIAND, G. *Mitos revolucionários do Terceiro Mundo*. Rio de Janeiro: Francisco Alves, 1977.

CHOMSKY, N. *La guerra de Ásia*. Barcelona: Ariel, 1972.

CROZIER, B. *Sudeste asiático em conflito*. Rio de Janeiro: Ed. Bloch, 1967.

DOMENACH, J-L., GODEMENT, F. (Dir.). *Communismes d'Asie:* mort ou métamorphose? Bruxelles: Complexe, 1994.

DUAN, L. *La revolución vietnamita*. Havana: Editorial de Ciencias Sociales, 1974.

_____. *Na via de Ho Chi Minh*. Lisboa: Edições Avante, 1977.

DURDIN, T. *O drama do sudeste asiático*. Rio de Janeiro: Record, 1967.

FONTAINE, A. *Fuerzas Armadas Revolucionarias y Ejército Popular*. Buenos Aires: Ediciones La Rosa Blindada, 1973.

_____. *Histoire de la "Détente" (1962-1981)*. Un seul lit pour deux réves. Paris: Fayard, 1982.

GIAP, V. N. *O Vietnam segundo Giap*. Rio de Janeiro: Saga, 1968.

GROMIKO, A. *Memoirs*. Nova York: Doubleday, 1989.

_____. *História da Revolução de Agosto*. Lisboa: Edições Maria da Fonte, 1976.

HONEY, P. J. *O comunismo no Vietnam do Norte (seu papel na disputa sino-soviética)*. Rio de Janeiro: GRD, 1965.

JOYAUX, F. *Géopolitique de l'Extrême Orient*. Bruxelles: Complexe, 1991. 2 t.

_____. *L'Association des Nations du Sud-Est Asiatique – ANSEA*. Paris: Presses Universitaires de France, 1997.

_____. *Kampuchea, a conquista da liberdade*. Lisboa: Avante, 1979.

KEEGAN, J. *Dien Bien Phu*. Rio de Janeiro: Rennes, 1979.

KISSINGER, H. *A política externa americana*. Rio de Janeiro: Expressão e Cultura, 1969.

_____. *La diplomacia*. México: Fondo de Cultura Económica, 1995.

KOLKO, G. *Century of war*. New York: The New Press, 1995.

_____. *La guerra no declarada contra la República Popular de Kampuchea*. Pnom Penh: Departamento de Prensa del Ministério de Asuntos Exteriores de la RPK, 1985.

_____. La verdad sobre las relaciones chino-vietnamitas. In: *China y el Mundo*. Beijing: Beijing Informa, 1982.

LIAO, K.-S. (Ed.). *The new international order in east Asia*. Hong Kong: The Chinese University of Hong Kong, 1993.

McGREW, A., BROOK, C. (Ed.). *Asia-Pacific in the new world order*. London/ New York: Routledge, 1998.

MINH, H. C. *A resistência do Vietnam*. Rio de Janeiro: Laemert, 1968.

_____. *Escritos políticos*. Lisboa: Iniciativas Editoriais, 1975.

MINISTERIO de las Relaciones Exteriores de la R. S. de Viet Nam. *La verdad de las relaciones entre Viet Nam y China (1949-1979)*. Havana: Editorial de Ciencias Sociales, 1979.

MONETA, C. J. (Comp.). *Vietnam*. Dói Moi (Renovación). Buenos Aires: Grupo Editor Latinoamericano, 1995.

MORENO, N., MANDEL, E. *China x Vietnã*. São Paulo: Versus, 1979.

MORROCCK, R. Revolução e intervenção no Vietnam. In: HOROWITZ, D. (Org.). *Revolução e repressão*. Rio de Janeiro: Zahar, 1969.

RAY, H. *China's Vietnam war*. New Deli: Radiant Publishers, 1983.

RIVERO, M. *Infierno y amanecer en Kampuchea*. Havana: Editorial de Ciencias Sociales, 1979.

ROUBICEK, R. *Ho Chi Minh*. São Paulo: Brasiliense, 1984.

RUSSELL, B. *Crimes de guerra no Vietnã*. Rio de Janeiro: Paz e Terra, 1973.

SCHULZINGER, Ro. *American diplomacy in the twentieth century*. New York/Oxford: Oxford University Press, 1990.

STEEL, R. *Pax Americana*. Barcelona: Lumen, 1970.

THOMPSON, R. C. *The Pacific Basin since 1945*. Harlow: Essex, 1994.

VIEN, N. K. *Historia de Vietnam*. Buenos Aires: La Rosa Blindada, 1975.

_____. *Vietname, pátria reencontrada*. Lisboa: Caminho, 1978.

VISENTINI, P., RODRIGUES, G. *O dragão chinês e os tigres asiáticos*. Porto Alegre: Novo Século (Leitura XXI), 2000.

YAHUDA, M. *The international politics of the Asia-Pacific, 1945-1995*. London/New York: Routledge, 1996.

WEISS, P. *Notes on the cultural life of the Democratic republic of Vietnam*. New York: Dell Publishing Co., 1970.

WOLF, E. *Guerras camponesas do século XX*. São Paulo: Global, 1984.

Coleção Revoluções do Século XX
Direção de Emília Viotti da Costa

A Revolução Alemã – Isabel Loureiro

A Revolução Boliviana – Everaldo de Oliveira Andrade

A Revolução Chinesa – Wladimir Pomar (Org.)

A Revolução Cubana – Luís Fernando Ayerbe

A Revolução Guatemalteca – Greg Grandin

As Revoluções Russas e o Socialismo Soviético – Daniel Aarão Reis Filho (Org.)

A Revolução Nicaraguense – Matilde Zimmermann

A Revolução Salvadorenha – Tommie Sue-Montgomery e Christine Wade

SOBRE O LIVRO

Formato: 10,5 x 19 cm
Mancha: 18,8 x 42,5 paicas
Tipologia: Minion 10,5/12,9
Papel: Pólen Soft 80 g/m^2 (miolo)
Cartão Supremo 250 g/m^2 (capa)
1ª edição: 2008
6ª reimpressão: 2021

EQUIPE DE REALIZAÇÃO

Edição de Texto
Regina Machado (Preparação de original)
Elaine Del Nero e Nair Kayo (Revisão)
Oitava Rima Prod. Editorial (Atualização Ortográfica)

Editoração Eletrônica
Oitava Rima Prod. Editorial (Diagramação)

Impressão e Acabamento